歴史文化ライブラリー
475

戦国の城の一生

つくる・壊す・蘇る

竹井英文

吉川弘文館

目　次

維持管理

廃城

城の一生——プロローグ

お城人気は健在

お城人気は、とどまるところを知らない。歴史にはそれほど興味がないという人でも、お城は興味があり好きであるという人は多いようである。そこでいう「お城」とは、もちろん姫路城に代表されるような、天守がある江戸時代の「お城」がほとんどであることは、今も昔もそれほど変わらない。ただ、建物がなく土塁・石垣・堀しか残っていない戦国時代の城跡の人気が、筆者が小さかった頃に比べれば、はるかに高くなっていることは間違いない。

筆者は、中学生の頃からの「お城好き」であり、天守がある城では飽き足らず、週末になると東京近郊の城跡をめぐっていたものだった。ちなみに、筆者が最初に訪れた中世城郭は、横浜市港北区の小机《こづくえ》城という城である。戦国大名北条氏の支城として研究者の間では有名なのであるが、この小机城を見て城めぐりにハマったという人は多いという。筆者もその一人である。竹藪によって昼間でもなお薄暗くなっている巨大な堀のなかを歩いたときには、何ともいえぬ恐怖感に襲われたが、その規模の壮大さに圧倒され、妙に感動してしまったのである。その後、全国に城跡が数万ヶ所もあることを知り、すっかりその魅力にとりつかれてしまい、今に至っている。

筆者が城めぐりを始めたころは、城跡で人に会うなど、まずなかったといってよかった。ところが、最近は人に会う頻度が確実に上がっている。それも、お年寄りに限らず、意外と若い人たちも多いのである。山城を歩いていたら、竪堀《たてぼり》からいきなり人が出てきた、などということもあった。まさに隔世の感である。こうなった背景には、いろいろなことがあるのだろうが、先人たちにより中世城郭の地道な研究が蓄積され、その成果がさまざまな形で徐々に世間に広まり認知され、人々がその魅力に気づくようになったからなのだろうと思う。

最近は、各地で城跡の整備が進んでおり、ガイダンス施設が建てられることも増え、初心者が訪れるためのハードルは少しずつ低くなっている。どこにどんな城があるのかという情報も、昔は『日本城郭大系』や自治体史など専門的な本にアクセスしないとわからなかったが、インターネットの普及により格段と得やすくなった。学術的な研究会とは別に、城めぐりを趣味とする人たちのサークル活動のようなものも増えている。各地の大学では「城郭研究会」の看板を掲げるサークルが少しずつ増えているし（残念ながら筆者の勤務する大学にはまだない……）、旅行会社のツアーでも戦国時代の城跡をめぐるものが出てきていて、しかも人気があるというのだから、本当に驚きである。

城めぐりは、歴史や地域の勉強になるだけでなく、運動にもなるし、自然にも触れあえるし、とても楽しい（ときに危険もともなうが……）。筆者などは、多少疲れていても、城に行くとなぜか元気になってしまう。この楽しさ、面白さに、もっと多くの人たちに気づいてもらいたいものである。

魅力あふれる城郭研究

さて、そのような城郭を学問的に研究するものが、城郭研究である。城郭研究は、実にさまざまな方法によって進められているが、文献史学・考古学・歴史地理学・縄張《なわばり》研究の四つが基本的な方法論となっている。なかでも、城郭研究に固有の方法論といえるものが、いわゆる縄張研究である。

縄張とは、土塁・石垣・堀、それらに囲まれた区画である曲輪《くるわ》（郭。近世城郭の本丸などの「丸」に相当）などから構成される城郭の平面プランのことをいい、築城するときに地面に縄を張って設計したことから、そのようにいわれるという。縄張研究は、城跡の縄張を図化し（これを縄張図という）、それをもとに主に軍事的な観点から研究するものである。縄張から年代・築城主体を推定したり、その城が置かれた政治・軍事的な状況を推定したりするものといえる。縄張研究は、大学などで系統的・学問的に発展してきたものではなく、いわば「民間学」として発展してきたものである点にも特徴がある。

このほかにも、天守をはじめとした建造物を対象とする建築史学からの研究があるし、絵画などを利用した美術史的な研究もある。さらには、城郭の自然環境に注目した環境史・植生史的な研究も行われていたりする。

このように、城郭研究は学際的な研究領域といえる。さまざまな方法論からのアプローチが可能で、それらを組み合わせて総合的・学際的な研究をすることによって、個別の城の歴史にとどまらず、その城が存在する地域社会の姿、さらには時代の全体像にまで迫れるのである。ただ、その反面、研究者個人がさまざまな方法論に通じなくてはならないという点で、とても難しい分野でもある。この楽しさと難しさを知ってしまうと、城郭研究はやめられなくなる。

問題山積の城郭研究

そんな城郭研究だが、学問として成熟しているのかというと、意外にもそうではない。現在の城郭研究の出発点になったのは、一九八〇年に発表された村田修三氏による「城跡調査と戦国史研究」(『日本史研究』二一一号)であるとよくいわれる。もちろん、これ以前にも重厚な研究史が存在しているし、多大な成果を挙げてきたこと自体は疑いないが、ほかの研究分野に比べれば、まだまだ始まったばかりの分野とさえいえる。そうしたこともあってか、問題が山積しているのが現状である。特に、ここ十数年でもっとも議論された「杉山《すぎやま》城問題」は、城郭研究が抱える諸問題を集約したものであり、城郭研究に多大な影響を与えている（埼玉二〇〇五、峰岸二〇〇九）。

「杉山城問題」とは、埼玉県嵐山町《らんざんまち》に所在する杉山城の評価をめぐって交わされた議論である。杉山城は、文献史料にも登場せず発掘調査もされていない、よくある地域の名もなき城跡の一つであった。ただ、その縄張構造がきわめて複雑・技巧的であり、城郭研究者の間では「中世城郭の教科書」と称されるほど古くから有名であった。その縄張構造からして、戦国時代後半の天文末・永禄期（一五六〇年頃）に戦国大名北条氏が築城したものと想定され、以後、通説となっていたのである。これほどの縄張であるので、それは当然と思われていたし、筆者もそのように思っていた（図1・2）。

しかし、二〇〇二年から行われた発掘調査の結果、一五世紀末に近い後半から一六世紀の第I四半期に近い前半、つまりは一五〇〇年前後の城であると評価され、通説のような北条氏段階の城ではなく、それ以前にこのあたりを支配していた関東管領山内《やまのうち》上杉氏・扇谷《おうぎがやつ》上杉氏段階の臨時的な城とされるようになったのである。これまでの通説とおよそ

図１　杉山城縄張図（『埼玉県指定史跡杉山城跡第１・２次発掘調査報告書』嵐山町教育委員会，2005年より）

半世紀も異なる結果となり、築城主体も大きく変化することになった。

さらに、偶然にも従来なかったといわれていた関係史料が発見された。「椙山《すぎやま》の陣」と記されるその史料を読解したところ、永正・大永年間（一五〇四〜二八）の山内上杉氏の城である可能性が高まり、考古学の研究成果と見事に合致したのである。これにより、城郭の年代・築城主体という、城郭研究にとって根本的な問題をめぐって激論が交わされるようになった。「杉山城問題」と呼ばれるゆえんである。

これまでの縄張研究に基づく年代観は正しかったのか、築城主体の比定の仕方に問題はなかったのか。批判の矛先は、主に縄張研究へ向けられたが、それにとどまらず、文献史学や考古学に対しても、その方法論の自己点検と再検討を求めた。その城が、いつ、誰によって築かれたのか。歴史を研究するうえで、最も基本的かつ重要な問題であるはずだが、意外にもこれまで疎かにされながら研究が積み重ねられてきたことが明らかになったのである。城郭研究は、今、大きな岐路に立たされている。

城の使われ方、城の一生

「杉山城問題」は、城郭研究が抱えるあらゆる問題点を浮き彫りにしただけでなく、多くの新たな課題をも提示してくれた。何よりも、戦国時代前半の城とはどのような姿だったのか、という課題が浮上したことは大きかった。これまでの城郭研究は、縄張の単純から複雑へという発展段階論、および現

図2　杉山城現況（埼玉県嵐山町）

存遺構は最終段階のものであるという考え方をもとにして、戦国時代の後半から近世初期を研究対象とすることがほとんどであった。そのため、戦国時代前半以前の城はほとんど研究対象とならず、漠然と単純・粗雑な縄張と想定されるにとどまり、その実像は不明瞭なままであった。中世という長いスパンで城郭を考えるうえでも、この問題は今後も議論すべき重要なものであろう。

ただ、それと同じくらい大きな課題として浮かび上がってきたものがある。それは、個々の城郭の築城から廃城に至るまでの過程、およびその間の運用実態はどのようなものであったのか、という問題である。

城郭の年代や築城主体を解明するうえで、その城がいつ築かれ、どのように使われて最終的に廃城となったのかという、「城の一生」を詳細に解明することは、必要不可欠であろう。杉山城の場合は、遺構面が一面のみで、出土した遺物もごく一時期を示すものに限定されていた。そのため、臨時的に築城されたのち、ほどなく廃城となったと考えられている。しかし、その他の城がみな杉山城のような状況だったのではない。何回も改修された痕跡を残す城も多く、遺物が出土したとしても、どの遺構面からどのように出土したのかによって、評価が大きく変わってくる恐れがある。

この問題は、実は非常に奥が深い。たとえば、遺物の生産から消費までのタイムラグの問題とも関わる論点である。遺物は、当たり前だが生産地で生産され、その後、流通して消費地で消費され、一生を終える。遺物の編年には、生産地編年と消費地編年があるが、生産地編年の場合、出土した消費地の年代比定の際にその編年をそのまま当てはめてしまうと、消費までのタイムラグを計算しないことになってしまうので、城の正確な年代を大きく見誤る可能性が出てくることになる。そのため、個々の遺物の特性を理解しつつ、出土遺物全体の組成をきちんと押さえることが必要である。

遺物が出る城と出ない城という問題もある。実際に、有名ながらも遺物がほとんど出土しない城はよくある。その場合、そこで消費されなかった理由や遺物が残されなかった理由を考えなければならないが、その際に、「城の使われ方」や廃絶の仕方を含めた「城の一生」を探る必要が出てくるのである。

そのほかにも、地域支配のための拠点的な城郭と、陣城など臨時的・戦術的な城とでは、その性格が大きく異なることが十分想定されるわけで、そうした個々の城の性格の違いの問題なども論点となってくるだろう。

城の歴史を解明することは、簡単なようにみえて、意外にも難しいのである。出された問題点に対して、どのように対応していけばよいのだろうか。史料なら何とか少しは読める筆者も、頑張って普段からいろいろと考えているのだが、ふと思い出したことがあった。それは、かの有名な島原・天草一揆のときに一揆勢が立て籠もった、原城《はら》（長崎県南島原市、図3）である。

リサイクルされる城

原城は、当時「古城」だったことはよく知られている。廃城となり、もう使われなくなった城を、一揆勢が再利用して立て籠もったわけである。いわば、城のリサイクルである。これと同じような城の使い方が、戦国時代にもあったはずである。

実際、城郭研究においては、城は何回も改修されるものであり、現存遺構は廃城直後の最終段階のものにすぎないということは常識である。ただ、何回も改修されている可能性を指摘しながらも、その改修の過程についてはこれまであまり注目されてこなかったの

図3　原城全景（長崎県南島原市，南島原市提供）

ではないだろうか。

もちろん、発掘調査では改修の有無・遺構の変遷は重要な問題なだけに検討されてはいるが、それが当時の「城の使われ方」とどう関係があるのか、どのような状況下において改修が行われるのか、ということについては、それほど深く追究されているようにはみえない。そこに、戦国時代の戦争や城郭の実態を考えるための大きなヒントが隠されているのではないかと思うのである。

築城・維持管理・廃城、そして「古城」

以上のようなことを念頭に、本書では近年の城郭研究の成果を組み込みつつ、戦国の城の築城から廃城に至るまでの「城の一生」をさまざまな角度からみていきたい。城はどのようにして築城され、維持管理され、廃城となったのか、廃城後の「古城」は戦国社会や近世初期社会のなかでどのようなものとして存在していたのか。こうした点を、本書では文献史料を中心に叙述したい。

城郭関係の書籍の多くは縄張研究や考古学を中心としたもので、文献史料を中心にしたものは少ない。だが、城郭関係の文献史料の世界は実に面白い。その面白さも同時にお伝えできれば幸いである。

築

城

戦国城郭の築城

金山城事始

東京から東武鉄道伊勢崎線に乗ること一時間三〇分、群馬県太田市の太田駅に到着する。その太田駅の北三キロのところに、一際高い山がある。それが、関東の城のなかでも屈指の大規模山城として知られる金山《かなやま》城である（図4）。国衆《くにしゅう》岩松氏・由良氏の居城、のちに北条氏の重要支城となり、関東では珍しくたくさんの石垣が築かれ現存していることで有名である。現在は国指定史跡として調査研究・保存・整備・活用が進められている。

金山城は、関係史料が豊富に残されていることでも有名である。古文書のみならず、地元の有力寺院である長楽寺に残された『松陰私語《しょういんしご》』や『長楽寺永禄日記』という稀有な古記録があり、金山城の具体的な構造や城内での生活の様子を知ることができる。なかで

図4　金山城日の池（群馬県太田市）

も重要なのが、『松陰私語』のなかに「金山城事始《ことはじめ》」なる一節があり、築城時の記録が残されていることである。城郭関係史料の大半は、築城後に利用されるなかで残されたものなので、大変貴重な記録となっている。

ときは文明元年（一四六九）二月二十五日、東国の戦国時代の幕開けと評される享徳《きょうとく》の乱の末期に、金山城の築城は開始された。築城者は、新田氏の後裔である岩松家純《いえずみ》である。築城にあたっては、地域の有力寺院であり岩松家との関係も深い長楽寺の寺僧である松陰が家純の「御代官」となった。まず、松陰が「鍬《くわ》初《ぞめ》」を行い、「上古《じょうこ》の城郭保護記」なるものをもとに「地鎮《じちん》の儀式」を行っている。そのときのものなのかは定かではないが、発掘調査では地鎮に用いられる輪宝墨書土《りんぽうぼくしょ》器が出土していることは興味深い。

そして、「鍬初」から七〇日あまりを経て、金山城は大方完成した。ただ、完成した金山城に岩松家純が入城したのは、築城開始から五ヶ月後の八月吉日だった。基本部分は七〇日ほどで完成し、その他もろもろの整備を行っていたのだろうか。もちろん、今現在みることができる、ところどころを石垣で固めた大規模な遺構は、戦国時代に拡張された最終段階の姿である。築城当初の金山城は、もっと小規模なものだったと考えて間違いない。

金山城が築城されたのは、一五世紀半ばである。この時期は、恒常的な城郭が各地に築城されるようになった、城郭史の一大画期として知られる。戦国城郭の誕生である。

築城と地鎮

一般的に、築城は城の位置を決める「地選《ちせん》」、場所を確定する「地取《じとり》」、縄張を決める「経始《けいし》」、土木工事の「普請《ふしん》」、建築工事の「作事《さくじ》」という行程で行われるとされる。しかし、戦国時代の史料にみられる用語としては「普請」が圧倒的に多く、ついで「鍬初」「鍬立《くわだて》」という用語がしばしばみられる程度である。金山城でも、築城にあたって「鍬初」などの「地鎮の儀式」が行われていた。現代でも建物を建てる際には地鎮祭が行われているが、城を築くときにも地鎮祭のような儀礼・儀式が付きものであった。その実態については、山下孝司氏の研究に詳しい（山下二〇一四）。

武田信玄の家臣である駒井高白斎が記した『甲陽日記《こうようにっき》』（『高白斎記《こうはくさいき》』）には、「鍬立」という用語がしばしばみられる。「鍬立」は、永正十六年（一五一九）に初めて現れ、築城の際に行う儀式を意味した。具体的には「廿八日甲申午刻向未ノ方ニ、岩尾ノ城ノ鍬立、七五三、同岩村ノ鍬立、申ノ刻向未ノ方ニ七五九」などのように記されている。時間と方位が重視され、そのあとに記されている「七五三」などの数字は儀式の内容を示しており、いずれも陰陽道の影響を受けていることがわかっている。

こうしたことを行っていたのは、東国の大名だけではない。薩摩島津氏でも、鍬初や軍神勧請《かんじょう》、城戸《きど》の鎖などへの加持祈禱が行われていることが確認できる（『上井覚兼日記』）。これらに関連して、「地取の書」という史料が残っているのも興味深い（「島津家文書」）。内容はなかなか難解だが、弓を用いて地取をし征矢《そや》を立てて「鍬入《くわいれ》」を行い、「ワンヲン」「コクウニ　ハン」などと神への唱え言をいい、御幣《ごへい》を挟んだ串を用意して摩利支天の印を結び真言を唱え、かわらけに洗米・神酒を入れて地神・荒神に供える、というようなことを行ってから築城を始めていたようだ。

築城日数

新規に築城する城のことを、戦国時代当時は「新地《しんち》」と呼ぶことがあった。「地」とは、当時、城のことを指す言葉としてしばしば用いられていた。新しい「地」、すなわち新規に築かれた城こそが「新地」であった。

では、新規に城を築くには、いったいどれくらいの期間が必要だったのだろうか。金山城の場合は、ひとまず七〇日間かかり、全体で五ヶ月ほどかかっていたが、もう少し事例をみてみよう。甲斐武田氏の諏訪地域の支配拠点として有名な信濃上原城《うえはら》（長野県茅野市）は、まったくの新規築城ではなく、もとあった諏訪氏の城の改修という事例だが、『甲陽日記』によると、天文十二年（一五四三）五月二十五日に「鍬立」が行われ、築城が開始された。その後、六月二十日に「普請」が行われ、同月二十六日には「城ノ御座」と四つの城門・城戸が建てられ、七月十三日に「長坂上原在城衆」が入り、城として機能するようになっている。この間、約二ヶ月であり、金山城とほぼ同じくらいの期間といえる。その後も普請は継続していたようで、翌年四月十五日に完成したようである。完成までで十ヶ月あまりかかったことになる。この築城工事は、城下まで含めたものではなかったのかという指摘もあるが、この記録も当時の築城期間を知るうえで興味深いものといえよう。

島津氏が阿蘇氏の肥後堅志田城《かたしだ》（熊本県美里町）を攻めるために築いた付城である肥後花山城《はなやま》（熊本県宇城市）は、天正十一年（一五八三）十月二十八日から島津軍により築城が開始され、わずか二日あまりで番衆が警備できる程度の状況になり、十一月十日に完成している（『上井覚兼日記』）。現存遺構は、山頂の曲輪《くるわ》と数段の帯曲輪程度で、明瞭な堀切《ほりきり》もない小規模で単純な縄張の城だという。

築城期間は、城によって千差万別であることはいうまでもないが、小規模な城であっても、やはり新しく一から城を築くことには、それなりの期間と手間暇がかかることはたしかだといえそうである。

城普請のシステム

築城時には、普請の体制を整えておく必要がある。城の普請体制についての研究は、築城だけでなく維持管理の問題、さらには大名の領国支配の問題とも関わる重要な問題であるため、非常に多い。研究が進んでいる北条氏の場合は、普請役《ふしんやく》は家臣である給人《きゅうにん》の知行高に応じて賦課《ふか》される知行役《ちぎょうやく》と村・百姓たちに賦課される公事《くじ》の二種類があり、いずれも村請《むらうけ》・郷請《ごううけ》であった。これは武田氏、上杉氏、毛利氏などでもおおよそ共通していたようで、多少の差異はあれども、各地の大名で普請体制が整えられていたこと自体は間違いない。

普請のあり方を少し具体的にみてみよう。築城よりも維持管理の問題に入ってしまうが、北条氏の拠点城郭の一つである相模玉縄《たまなわ》城（神奈川県鎌倉市）では、玉縄城領である東郡・三浦郡・久良岐《くらき》郡の三郡の郷村に塀のメンテナンスが命じられていた。そのなかの一つである田名郷では「中城」や「清水曲輪」の塀の一部を受け持っており、塀のつくり方、材料となる材木の種類・樹種・寸法まで細かく指示され、その代金は懸銭《かけせん》と呼ばれる公事から差し引かれていた。また、日常的なメンテナンスのほか、五年に一度はつくり直すことになっており、大風のあとは奉行人が催促するまでもなく、自主的に登城して塀のメンテナンスに当たらなければならなかった。塀は「末代請切《まつだいうけきり》」とされ、郷村と城は運命共同体のような関係になっていた（「陶山静彦氏所蔵文書」）。

城普請は、何も動員された民衆だけが行っていたのではない。大名の軍勢も築城に直接関与した。特に陣城のような場合は、ほとんど軍勢のみで築かれたといっても過言ではないだろう。軍勢が行う普請には、在番衆が行う番普請もあった。古くは周防大内氏の安芸鏡山《かがみやま》城（広島県東広島市）の「城掟《しろおきて》」（六〇・六一ページ掲載の表「戦国期の「城掟」一覧」No.1）で番普請を毎日怠りなく行うよう命じられているが、同様のものは各地の戦国大名関係史料にみられる。在番衆は、城のメンテナンスにも常に気を配り、破損箇所があればすぐに修理しなければならなかった。

築城用材の確保

築城に必要な用材の調達方法は、実にさまざまであった（盛本二〇〇八）。先述したように、普請を請け負っていた郷村が自ら資材を調達したり、資材分の代金を領主に支払って調達したりすることもあれば、市場での購入や戦場での略奪なども当然あった。戦場での略奪は、陣城の構築などでは一般的であったと思われる。戦場に出される禁制に竹木伐採《ちくぼく》を禁止するものが非常に多いが、軍需物資としての竹木の略奪を警戒したものとされる。

その一方で、大名は材木確保のためにさまざまな体制を整えていった。各地の大名は、「立山《たてやま》」「立野《たての》」と呼ばれる占有の山・野を領国各地に設定しており、そこで竹木を計画的に育て利用していたことが知られている。たとえば北条氏の場合、伊豆狩野山が「立山」の一つであり、特に杉や桧が計画的に育てられ、城門などの建築資材として利用されていた（「森六夫氏所蔵文書」）。また、各地の土豪らが所有する藪を「公方藪」に設定し、彼らを「藪主」に指定して、藪つまりは竹を育てさせて種類や長さ、太さまで指定して必要なときに必要な分だけ採取するという体制が整えられていた（「掛川誌稿」一四ほか）。

それだけでない。武田氏が富士北山の山作らに城郭用の材木・板の奉公をする代わりに諸役免許を与えているように（「木本家文書」）、大鋸《おが》・杣《そま》・山作《やまつくり》などの専門の職人を編成することで領国各地から材木を調達することも多かったし、寺院や屋敷の竹木を「御城御用」のときに限って伐採するという史料も各地の大名でみられる。大名の許可さえあれば、どんな山でも郷村でもあり次第切るということさえあった。

材木の種類としては、建物によるものの杉・桧・栗などがよく用いられたようだが、史料上にたびたび登場するのは竹である。東国の大名以外でも、たとえば室町将軍足利氏の山城である「東山御城」（中尾《なかお》城。京都府京都市）へ東寺から一五〇〇本もの竹が役として納められているし（「東寺百合文書《とうじひゃくごう》」）、大和の二上山城《にじょうざん》（奈良県葛城市）にも観心寺が竹を三一荷納めている（「観心寺文書」）。竹は建物や柵・竹束などに使用され汎用性が高いため、竹の確保が重要だったことが東西問わずうかがわれる。

このほかにも、やや特殊例かもしれないが、毛利氏が永禄十二年（一五六九）に小倉城《こくら》（福岡県北九州市）を築城するにあたり、長門一宮住吉神社の神領である吉母浦《よしもうら》（山口県下関市）に流れ着いた「寄船」を「掻楯板《かいだて》」の材料として利用しようとしていたことが知られる（「住吉神社文書」）。さらには、部材のリサイクルもよく行われていた。「大内氏壁書」によると、大内氏では「御城奉行」が存在し、彼らが各地の城を修復する場合に、しばしば古材を使っていたようだ。織田信長が小谷城《おだに》（滋賀県長浜市）の浅井長政を攻めているときには、浅井方の佐和山城《さわやま》（滋賀県彦根市）に向けて陣城を築いているが、佐和山城が落城すると、その陣城の部材を小谷城攻めのための陣城構築に再利用している（「織田文書」）。毛利氏も、城内に建てる蔵の材料を「地下中《じげちゅう》」の「ふる《古》家」に求めていることが知られる（『萩藩閥閲録《はぎはんばつえつろく》』巻一二三）。

築城の教科書『築城記』

戦国時代の築城を知るうえでの基本史料となっているのが、『築城記』である。築城に関する具体的な知識・情報が四四ヶ条にわたって書かれている、まさに築城の教科書的な史料として有名である。

もともと越前朝倉家に伝わった一巻の伝書で、それを朝倉家家臣の窪田三郎左衛門尉が相伝し、そこから若狭武田氏に仕えていた一族の窪田長門守へと伝わり、さらに室町幕府政所《まんどころ》伊勢氏の家臣である河村誓真《せいしん》が永禄八年（一五六五）十月に書写したものであることがわかっている。原著者については、築城や建築の経験を有した実務家などが想定されており、成立年代は永正十七年（一五二〇）から相当下ると推定されている。

この『築城記』をベースにして、築城についてさらに詳しくみていこう。

建物のつくり方

『築城記』には、塀・櫓《やぐら》・柵・木戸など建物のつくり方に関する記述が多数ある（図5）。簡単にまとめてみると、まず山城の塀の高さは五尺二寸ほど、狭間《さま》の縦の長さは三尺二寸ほど、横の広さは七寸ほどが良く、矢が出やすいよう工夫し、一町に三〇ヶ所ほど設けるとある（一尺＝約三〇センチ。一寸＝約三センチ）。一方、平城の塀は六尺二寸ほど、狭間の縦の長さは三尺五寸ほどが良く、横矢《よこや》を掛けるための折塀《おりべい》は、二間のまっすぐな塀の隣の一間を折って設け、屈曲部の両側に狭間を二つ設けてつくるのが良いとされる（一間＝約一・八メートル）。

山城の矢倉《やぐら》（櫓）は、塀の棟より二尺高くつくり、弓一張り分の足場を設ける。矢倉はたくさんあることに越したことはないが、あまり大きくつくっても良くない。小さい矢倉は七尺四方で良い。平城の矢倉もやはり塀の上二尺ほど、塀の内側二尺ほどの場所につく

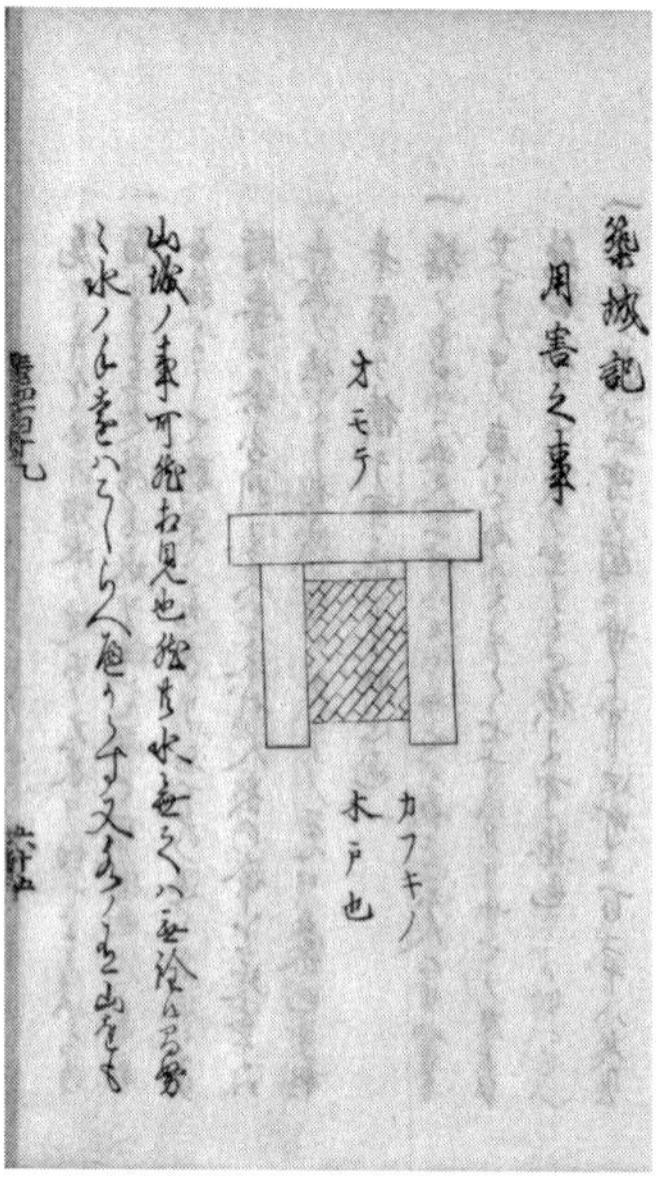

図５　木戸のつくり方（『築城記』より，国立国会図書館所蔵）

るのが良い。山城の矢倉の狭間は縦三尺横六寸ほど、狭間の下と床面の間は八寸ほどが良い。矢倉の種類としては、「走り矢倉」「出し矢倉」「かき矢倉」「井楼《せいろう》」などが挙げられている。

柵については、地面から六尺ほど、一間に五本ほど木を立て、四本の横木を当てるが、下の横木は膝の高さが良く、縄の結び目は外側になるようにする。虎落《もがり》（竹を筋違いに組んで縄で結んだ柵や垣根）は、ところどころに木の柱を立てつつ、竹の枝は削がないで組む。土塁上に設ける逆虎落は、杭を打ち横木を打ち付け、それに折り掛けて結う。

木戸については図も記されており、柱間七尺で太さは自由。下に車突きという横木を設け、木戸は一六角ほどに削り、閂《かんぬき》を内から指して横木を渡すなどとある。平城の木戸の場合は、柱間九尺、高さ一丈で、潜り木戸は右側につくるとある。

実に細かくつくり方が記されているのだが、『築城記』以外の史料ではどうだろうか。先述した北条氏の玉縄城の場合、田名村が担当した「中城」「清水曲輪」の塀は、高さが九尺だった。『築城記』の塀よりもだいぶ高さがある。実際のつくり方としては、周囲が一尺五寸、長さ九尺の栗の木を使った男柱を一間に一本、計五本立て、その間に長さ七尺の小尺木を一間に三本ずつ計一五本立てる。その後、間渡の竹を一間に二本ずつ計一〇本、別の竹を一間に四束ずつ計二〇束、それらを結ぶ縄を一間に六房ずつ計三〇房使用し、基礎を完成させる。さらに、石混じりの赤土に萱《かや》を一間に四把ずつ計二〇把を混ぜ、厚さ八寸の壁土をつくって見事完成となる。これを一日七人ずつ出て、三日間で五間の塀を完成させることになっていた。

毛利氏の場合は「塀隔子《へいごうし》」なる塀の史料が残っている（「清水家文書」など）。塀の寸法までは不明だが、「隔子」「塀覆《へいおおい》」「新塀」という三種類の塀がみられる。「隔子」は棒のようなものを組み縄で結んで固定した格子状の柵、「塀覆」は「隔子」を覆うもの、この二つを合わせたものが「塀隔子」で、「新塀」は通常の「塀覆」とは異なる特殊な覆いでつくった塀のようである（馬部二〇〇三）。

『築城記』には、土塁や堀に関する記述が少ない。土塁については、曲輪内が狭くならないよう土塁の幅をよく考えてつくるようにとし、堀は山城の場合は竪堀《たてぼり》をつくるようにとしているくらいである。

土塁のつくり方

ほかの史料でも、土塁や堀の実際のつくり方を詳細に記したものはほとんどないが、土塁についてはわずかだがみられる。北条氏の武蔵岩付城《いわつき》（埼玉県さいたま市）の場合、一間の土塁を二五人でつくることになっていたようである。ただ、作業員の熟練度や作業方法がバラバラになってしまうと、土塁の合わせ目の所で崩れてしまうとして、二五人を一組にして作業させている（「海長寺文書」）。ここから、一組にして同じ作業を一気にやってつくる場合もあれば、バラバラに作業してつくることもあったことがうかがわれる。

戦国期の史料ではなく、近世初頭の寛永年間（一六二四〜四四）の史料だが、伊達政宗が自身の隠居城である若林城《わかばやし》（宮城県仙台市）の土塁が大雨で崩れた際に修復を指示した文書の内容は、とても興味深い（『引証記』三二上）。政宗は、去年刈り取った萱を敷いて、その上に土をかけて、しっかり叩いて固めて、さらに念を入れてまた萱を敷けば丈夫になるだろう、ただし青萱はよくないので使わないように、と述べている。また、土を一重、萱を一重、というように、土塁の高さに応じて念を入れて築くよう命じ、方々の土手や川除けの土手も、みな萱を敷いた所は濁流が襲いかかってきても少しも問題なく、ましてや雨の程度ではビクともしないだろう。今回破損した土塁については、破損せずに残っている部分でもさらに破損してしまうかもしれないような部分は、土を取り除いて、さっきいったように萱を敷いて築きなおすように。いうまでもないが、破損した部分はよくよく土を取り除き、丈夫に築くようにと、念を入れて命じているのである。

丈夫な土塁をつくるには、土だけでつくるのではなく、萱を入れることが必要だったこと、しかも「青萱」、つまり刈ったばかりの萱ではダメで、あくまで去年刈った乾燥させた萱が良かったということが、ここからうかがわれる。幾多の戦乱を経験してきた政宗ならではの土塁構築方法なのかはわからないが、土塁のつくり方の具体例としてきわめて興味深い史料である。

なお、土塁に用いる土は、一般的には堀を掘ったときに出る土とされるが、天文七年（一五三八）に石山本願寺（大阪府大阪市）の新屋敷の土塁を築く際には「北ノ畠ノ土」を取ったとあることから（『天文日記』）、別の場所から持って来ることもあったようである。

城内の植生

戦国時代の城には、基本的に木はなかったとされることが多い。戦いの場である城に木が生えていては邪魔なため刈り払うのが当然であって、山城の場合ははげ山同然だったというイメージは根強いだろう。

ところが、『築城記』には城の外には木を植えてはいけないが、土塁の内側には木を植

図6　豊臣期の村上城（『越後国瀬波郡絵図』より，米沢市上杉博物館所蔵．城内に樹木が生い茂っている様子がみてとれる）

えてしかるべしとするのである。実際史料を読むと、たとえば上杉家の居城春日山城《かすがやま》（新潟県上越市）の「城掟」（後掲表№２）に、「城山の竹木剪り採らせらるべからざる事」とあるように、城内に竹木が生えていたことがうかがわれる。山城といえども、決してはげ山ではなかったのだ。考古学的にも、たとえば下総逆井城《さかさい》（茨城県坂東市）や大崎城《おおさき》（千葉県香取市）では出土した花粉が化学的に分析され、城内に松・杉・榎などが植えられていた可能性が指摘されているし、小田原城《おだわら》（神奈川県小田原市）三の丸では戦国期の土塁上に植えられた杉が実際に発見されている。

積極的に植林をしていた形跡もある。上野金山城では、永禄年間（一五五八〜七〇）に山麓部の長手地区を普請する際に、杉やサイカチ（マメ科の高木でトゲがある）の苗を大量に植え付けている（『長楽寺永禄日記』）。同じ上野の桐生城《きりゅう》（群馬県桐生市）もそうである。永正年間（一五〇四〜二一）頃の史料だが、先年に「本城」の南にある「馬場廻り」に松などを植えたが、今度は堀切廻りに松を植えたいので、松の苗木五〇〇本を出すよう、桐生領内の小倉衆と仁田山衆に命じている（「新井貞雄家文書」）。「本城」は本丸・主郭だろうから、その南側にある「馬場」に松が植えられ、さらに堀切の周囲にも松を植えようとしていたのである。しかも五〇〇本というのだから、かなりの数である。決してまばらに植えようとしていたのではない。

戦国期当時に植えられた木の種類については、松や杉が多いようだが、慶長十六年（一六一一）の常陸大田《おおた》城（茨城県八千代町）・下妻《しもつま》城（茨城県下妻市）では桧や栗があったことが確認できる（「古澤文書」）。おそらく、竹も多かったものと思われる。

竹木が生えている理由

では、なぜ城内に竹木が生えているのだろうか。近世城郭の場合よくいわれるのは、燃料や武器・食料として利用するため、あるいは城内を外からみえにくくするためという理由である。戦国時代の城も、同様の理由で植えられた可能性は十分考えられる。特に後者の場合、竹木を切ってしまうと「村要害」が手浅くみえてしまうと上杉謙信が述べている史料があり、目隠しとしての役割はある程度あったものと考えられる（「岡田紅葉氏所蔵文書」）。

また、特に山城の場合、すべての竹木を伐採してしまうと、斜面が大雨などで自然崩落してしまう恐れがあり、それを防ぐために一定の竹木を維持する必要があったとも考えられる。たしかに、すべてを伐採した方が見通しも良く防御もしやすいだろうが、日常的に城を維持していくためには、やはりある程度はなくてはならないものだったと考えるのが無難だろう。

あるいは、地下水との関係から、水源を確保するためにも一定の竹木が必要だったようだ。『築城記』にも、水の近くの大木を切り取って水が止まってしまう恐れを指摘しているが、それをうかがわせる史料が実際にある。静岡県沼津市の鷲頭山砦《わしずやま》という山城に関する史料に、「鷲津山の水曲輪より上において、木を切るべからず」（「判物証文写北条」）と記されているものがある。水曲輪は井戸がある曲輪と考えられるので、伐木による水脈の乱れを警戒してのことと考えられる。

こうした理由とは異なる見解も提示されている。それは、城主の繁栄のシンボルとしての竹木という見方である。このことを深く追究した中澤克昭氏によると、中世において竹木は家の繁盛のシンボルとして認識されており、それは戦国時代になっても変わらず、城郭にとっても必要不可欠な要素になっていたという（中澤一九九九）。中世の人々の心性面から、城と竹木との関係に迫っている点で注目される。

城の縄張

さて、肝心の縄張についてはどうだろうか。縄張《なわばり》に関する史料はきわめて少なく、『築城記』も思ったほどこのことについて教えてくれない。それでもある程度読み取ることができる。

まず、「縄張」という用語について確認しておこう。『築城記』では「縄張」とはいわずに「縄うち」というとしている。「縄張」「縄うち」ともに、戦国期の文書にはほとんどみられず、筆者が調べた限りでは豊臣期になって散見されるようになる。このうち「縄張」については、七尾城《ななお》（石川県七尾市）の普請について記された、文禄四年（一五九五）から慶長三年（一五九八）の間に比定される前田利家書状に「所口惣かまへ堀普請の事、最前なわばりの儀、その方両人存ずべく候間」「なわばり仕り候てあい渡すべく候」（「松雲公採集遺編類纂」三輪伝書）と登場するのがもっとも古い事例の一つだと思われる。このほか、『義演准后日記』慶長元年閏七月十四日条にみえる豊臣秀吉による木幡山《こばたやま》（伏見《ふしみ》城。京都府京都市）の「綱張《（ママ）》」、慶長六年九月の細川忠興《ただおき》の書状にみえる「城の網張《（ママ）》申し付くべしと存じ候」「岩石《がんじやく》へあい越し、これまた縄張申し付け候」（「松井文庫所蔵文書」）なども古い事例だろう。

　実際の縄張については、『築城記』によると、平城の縄張をする際には土塁ができると内側が狭くなるものなので、それを考えて縄張をすべきであるとする。大手口は土橋にすべきであり、搦手《からめて》口は架橋にしても良い。出撃や防御を考えてのことのようだ。曲輪の出入り口である虎口《こぐち》は内側がみえないよう構え、土塁の内側に設ける武者走《むしゃばし》りは幅三間、外側の犬走りは一尺五寸でつくり、平城の後方には軍勢が駐屯する勢溜《せいだまり》を設けるべきだとしている。

　『築城記』には、残念ながら横矢（側面射撃のために塁線を曲げた部分）や馬出《うまだし》（虎口の外に設けられた小曲輪）、枡形《ますがた》（四角い空間を設け直進させないようにする虎口の一形態）などの技術については登場しない。考古学の成果によれば、馬出も枡形も戦国前期以前から各地で存在したようだが、戦国期においては用語としてもほとんど登場しない。馬出については、北条氏の史料だけにみられるようで、天正十四年（一五八六）段階の鉢形城《はちがた》（埼玉県寄居町）、同十六年段階の厩橋城《まやばし》（群馬県前橋市）に関する史料に「馬出」が登場することが知られている（後掲表No.18、「後閑文書」）。特に鉢形城の「馬出」の場合、現存遺構の馬出と照合可能な点で貴重である。「枡形」は、慶長元年の小早川氏の三原城《みはら》（広島県三原市）関係史料に「門矢倉ふりの儀は、唯今のますかたにあい背き候てはいかか」（『萩藩閥閲録遺漏』）と登場するのが最古級だろう。

なお、実際に縄張を行った人物はどのような人なのか、大名家ごとの縄張の特徴はあるのか、という点については後述したい。

築城をめぐる諸問題

「村の城」論の衝撃

現在、全国各地に残されている二万ヶ所とも三万ヶ所ともいわれる城跡の大半は、戦国時代に築かれたものだと考えられている。では、それらの城は、誰の手によって築かれたのだろうか。

筆者が城めぐりをし始めた中学生・高校生のころ読んだ歴史関係の本では、次のように解説されることが多かった。それは、戦国大名は本拠の城のほかに各地に支城を設け、さらに支城の支城である又支城を設け、さらにその支城である枝城を設け、というように、領国内に網の目状に支城を配して支配を行っていた、というようなものである。極端にいえば、地域に残された城はすべて、その地域を支配した戦国大名が築城したものであり、戦国大名こそが城を築く主体であった、戦国大名がそれらの城をコントロールして支配や軍事行動を行っていた、ということである。戦国大名とその家臣たちが多くの城を築いていたことは事実であり、その支城網のあり方は重要な研究テーマであることは間違いない。

しかし、戦国時代は大名だけが築城したのではなかった。そのことを鋭く突いたのが、「村の城」論であった。「村の城」とは、一言でいえば、自立的な村落が大名などとは別次元で、自分たちの身を守るために自ら主体的に築いた城のことである。当時の史料をみると、戦争の惨禍から逃れるため、村人たちが山の中や「小屋」と呼ばれる簡素な城郭施設へ避難したり、村の周囲にバリケードや堀を設けて城郭化したりする事例を目にすることが多い。こうしたものを、藤木久志氏などは「村の城」と概念化し、各地に残されている無数の名もなき城跡の大半は、こうした「村の城」なのではないかと指摘したのである（藤木二〇〇五）。

この話を最初に目にしたとき、筆者は計り知れないほどの衝撃を受けた。関東の城めぐりをしていた若かりしころの筆者は、当然のように戦国大名北条氏の存在を前提に、各地の城をみていた。そうした今までの城の見方が見事にひっくり返されたのである。やはり、歴史は面白いと心底思ったものである。

もちろん、あくまで概念であるので、実際どの城が「村の城」に当てはまるのか、大名被官の土豪・地侍《じざむらい》が主導して築いた城も「村の城」としてしまっていいのかなど、批判も出されている。そうした限界はあるものの、城を築くのは何も戦国大名をはじめとした領主権力だけではない、中世社会はさまざまな階層が武力を保有し行使していた時代であり、領主権力とは別次元の在地・民衆レベルの築城が戦国時代にはあったという、大事なことを教えてくれたのが、「村の城」論であった。この重要性は、今後も損なわれることはないだろう。

戦国大名系城郭論

「村の城」論が登場したにせよ、戦国大名がたくさんの城を築いたことも事実である。そうした戦国大名による築城を考えるうえで、基本的な考え方となっていたのが、いわゆる戦国大名系城郭論といわれるものである。

戦国大名系城郭論について検討した齋藤慎一氏は、「戦国大名家では、築城に関するあらゆる情報や技術をイエ内部に確保し、基本的にはパーツと俗称される個々の遺構のレベルで独自性を発揮した城郭を築き発展させていった」とする議論とひとまずまとめている（齋藤二〇一〇）。全体的な傾向を押さえた定義といえ、筆者も同意する。各大名には独自の築城技術があると想定し、それを北条氏系・武田氏系などと名付けて系列化をしていき、個々の城郭を歴史的に位置付ける、という議論である。

一番わかりやすい例が、北条氏の角馬出《かくうまだし》に対する武田氏の丸馬出《まるうまだし》という対比である。馬出は、その形によって方形の角馬出と三日月型の丸馬出に分かれるが、北条氏の城には角馬出が、武田氏の城には丸馬出が多くみられる。そのため、来歴不明な城であっても、たとえば旧武田領国内で丸馬出がある城は武田氏による築城とみなされてきた。

障子堀《しょうじぼり》も、北条氏独自の築城技術とされることが多かった。障子堀とは、その名のとおり障子の桟のように堀底が区画されている堀のことで、堀底での移動を阻止する特徴的な堀である。北条氏が築いた箱根の山中城《やまなか》（静岡県三島市）の障子堀が特に有名だが、北条氏関係の城からよく出土したため、障子堀が出てくれば北条氏の城であるといわれることも多かったのである。

このほか、枡形虎口《ますがたこぐち》があったり横矢《よこや》が掛っていたりするなど、少しでも技巧的・特徴的な築城技術が施されている場合、その城を北条氏や武田氏など地域の大名権力と直結させて理解することも多かった。そのような進んだ築城技術を施すことができる築城主体は、その地域を支配していた戦国大名としか考えられない、ということである。

このような議論が登場した背景には、一つは一九七〇年代以降における戦国大名論の進展が挙げられる。文献史学側で戦国大名に関する議論が大きく進展するなかで、城郭研究の立場からその流れにリンクしていくにはどうすれば良いのか、という考えから生まれてきた側面があるようである。

もう一つの背景としては、織豊系城郭論の進展が挙げられる。織豊系城郭とは、織田信長・豊臣秀吉・徳川家康とそれに従う権力が築いた城のことで、近世城郭の原型となったものである。千田嘉博氏は、織田・豊臣・徳川政権が築城した城の虎口の形態に注目して編年を行い、徐々に複雑な虎口へと発展・進化・パターン化して求心的な縄張構造が形成されていく過程を解明し、縄張の発展と近世統一政権の誕生・展開のあり方を示した（千田二〇〇〇）。さらに中井均氏は、縄張構造の変化のみならず、高石垣・礎石建物・瓦の三点セットが施されたことが織豊系城郭の特徴であるとした（中井一九九〇）。こうした特徴的な縄張構造と三点セットの技術が、秀吉の全国統一とともに各地に伝播し、我々がイメージする「お城」、つまり近世城郭が誕生していったということである。

織豊系城郭論により、権力による築城統制、権力内部における縄張技術の発展と伝播の実態が明らかになった。これと同じように、戦国大名ごとの築城術およびその発展過程も描けるはずだ、という考えが研究者間で生まれたものと思われる。それを具体化した姿が、戦国大名系城郭論であったといえるだろう。

戦国大名系城郭論批判

近年、こうした戦国大名系城郭論を批判する動きが強くなってきている。そのきっかけの一つとなったのが、齋藤慎一氏による一連の批判である（齋藤二〇一〇）。

齋藤氏は、縄張を戦国大名権力と結び付ける際の根拠が薄弱で、研究上の手続きに飛躍

図７　諏訪原城丸馬出（静岡県島田市．武田氏による構築とされてきたが，近年の発掘調査により徳川氏が構築した可能性が高くなった）

があることを指摘した。たとえば北条氏の城を考える場合、角馬出があるから北条氏の城である、という主張がしばしば行われてきた。それは、北条氏の城に角馬出がある城が確実に存在しているからなのだが、だからといって、角馬出がある城は北条氏の城に限定できるかというと、それは必ずしも証明されていないのである（図７）。同じように、横堀《よこぼり》があるから、二重三重の堀切《ほりきり》があるから、横矢があるからといって、戦国大名による築城とは断定できない。そもそも、その特徴的なパーツがいつつくられたのかも不明なものばかりなのであるから。

戦国大名系城郭論が、そのような考え方、評価方法に基づくものである以上、少なくとも現状では戦国大名系城郭という概念は成り立たないといわざるをえないだろう。織豊系城郭論のようにはいかないのである。実は冒頭で取り上げた「杉山城《すぎやま》問題」も、この議論に深く関わっている。「杉山城問題」は、年代の相違が大きな議論になったが、実はそれ以前にそもそも杉山城を北条氏による築城とすることにも批判が向けられていた。北条氏の城とされてきた理由は、滝山城《たきやま》（東京都八王子市）などほかの北条氏の城と類似する部分がある、あの複雑な縄張《なわばり》をつくることができるのは北条氏しか考えられない、ということだった。だが、それは北条氏の城であると評価するうえでの根拠となりうるのか。そうした状況のなかで起きたのが、「杉山城問題」であった。

そもそも、戦国大名系城郭論は、北条氏や武田氏など、限られた大名で展開したものであった。そのため、たとえば関西以西の地域の研究では、あまり議論されていない。むしろ、織豊系とそれ以外との関係という捉え方や、戦国大名と結び付けずに地域の特徴として考えるということが行われてきた。関東と関西でも、議論にやや温度差があるのが現実である。

書物による築城技術の広がり

戦国大名系城郭論がこのように議論されるなか、改めて築城というものをどう考えるのかが問題になっている。特に、地域を越えて広がる築城技術をどう考えるのかが議論されつつある。

実際に築城技術が大名領国を越えて広まっていたことを示す史料が、いくつか存在している。『築城記』はその最たるものだが、ほかにも寛正五年（一四六四）に多賀高忠という人物が小笠原流の弓馬故実を集大成した『就弓馬儀大概聞書《きゅうばのぎにつきたいがいききがき》』にも、塀や土塁・武者《むしゃ》走《ばしり》りに関する情報が書かれ、その写本が越前朝倉家に伝わっている。『築城記』以前にこうした技術に関する書物が作成され、流通していたことがうかがわれる。

また、戦国大名北条氏の有力一族の玉縄北条家に伝わった『出陣次第』という戦陣故実書にも、塀のつくり方や狭間の大きさに関する情報・故実が記載されており、それは『築城記』などの故実書の内容と類似している（「国立歴史民俗博物館所蔵田中穣氏旧蔵典籍古文書」）。

塀のつくり方で比べてみると、各書で寸法や大きさが異なっており、さまざまな「故実」や流派のようなものがあったこともうかがわれる。それはともかく、少なくとも各大名家がこうした書物を入手・保持し、築城に関する学習・教育を行っていた可能性は十分あるだろう。

縄張に関わった人々

地域を越えて広がる築城技術を考えるうえで、諸国を渡り歩く築城技術者ともいうべきものの存在も改めて注目されるようになっている。「坂ノ市ノ介　アキノ国ノ住人、城ツクリ也」（『多聞院日記』）、「加賀国より城作を召寄せ」（『信長公記』）、「京都の城造りとやらん松田」（「本願寺文書」）というような「城つくり」と呼ばれる専門職人集団がいたことは、以前から比較的知られている。彼らの実態は不明瞭な部分が多く、縄張という面でどの程度関与していたのかもわからないが、特定の地域にとどまらない活動をしていた。

そもそも、戦国時代は多くの大名家を渡り歩く武士が大量に存在した時代であった。たとえば、以前、筆者が検討した上野武士の里見吉政が残した「戦功覚書」（館山市立博物館所蔵）によれば、吉政は北条氏・滝川氏・安中氏に仕えたのち、京都へ上り豊臣軍の一員として行動し、小田原合戦後に井伊氏に仕えて彦根藩士となっている。吉政がそれを「修業」と述べていることも注目される。さらに、同覚書には諸国からの牢人が複数登場し、大名軍の「物主《ものぬし》」（部隊長）として戦場の最前線に派遣されることもあった。彼らは、当然ながら各地の城を見たり攻めたり守ったりしており、築城に関するさまざまな知識を得ていたはずである。「城つくり」とともに、こうした人々が築城の際に動員され、城の縄張に関与していた可能性は十分あるだろう。後世の記録史料などによれば、そのような出自の人々が大名の家臣となり、縄張設計に関与していたことを示すものがそれなりに見出せることも示唆的である。

築城技術ではないが、たとえば兵法に関しては、上泉信綱《かみいずみのぶつな》や塚原卜伝《つかはらぼくでん》の剣術の秘伝が全国的に広まっていたことは良く知られているし、師匠から弟子へ技の極意を伝授したことを示す印可状が各地に残存している。縄張も含めた築城技術も同様と考えるのが自然ではないか。

ただ、大名家当主や重臣・部将レベルが縄張にまったく関わらなかったのかというと、さすがにそうとはいえない。先述したように、北条氏政は直接土塁のつくり方を指示していた。また、氏政は某城の土塁に付ける芝や井筒、木戸など、かなり細かい部分にまで口出しをしているし（「岡本氏古文書写」）、弟で伊豆韮山《にらやま》城（静岡県伊豆の国市）を守備していた氏規《うじのり》に対しても、曲輪《くるわ》割りの模様の詳細を絵図に仕立てて提出するよう命じており、その際、曲輪の間数まで細かく記させて曲輪が狭くなっていないかなどのチェックをしている（「大竹文書」）。氏政の父氏康も、某城の堀切の規模が小さいなどとして担当者を叱責し、普請の指導をしている（「富士浅間神社文書」）

北条氏以外でも、たとえば扇谷《おうぎがやつ》上杉氏の江戸城（東京都千代田区）や河越《かわごえ》城（埼玉県川越市）は、重臣である太田道真・道灌父子や上田・三戸・萩野谷など「関東巧者」の面々が「数年秘曲」を尽して築いたとされる（『松陰私語』）。このほか、「大内氏壁書」によると、大内領国では永正年間（一五〇四～二一）には築城に関する「故実」が存在していたようである。大名家の当主や重臣・部将レベルも、当然ながら築城に関する知識を持っており、日々勉強を重ね、大名家内部で発展させたり取捨選択したりして縄張に反映させていた可能性も十分考えられるだろう。

だからといって、現存遺構から大名家ごとの系統だった縄張技術を直接読み取ることは、やはり困難である状況には変わりない。しかし、改めて大名による築城とはどういう人々によりどのようにされるものなのかを考える必要はあるだろう。

戦国大名は自由に築城できたのか？

戦国大名は、領国内であればどこにでも自由に築城することができたのだろうか。近年の研究では、戦国大名領国というものは、大名に従属しつつも自立的な支配を行う国衆領を含んだものであったとされる。大名は、そうした国衆領へは伝馬役《てんまやく》の賦課など以外、その領国支配には基本的に介入できないことが知られている。築城という行為がどのように扱われたのかについてはよくわからないが、やはり国衆領の場合は自由にできたわけではなく、一定の合意が必要であった場合が多かったのではないかと考えられる。

また、市村高男氏も、後述する城と交通路との関係の研究のなかで、城は公権力の意思で一方的に築城することがはたしてできたのか、地域社会の合意を不可欠とした可能性はないのか、という問いを発している（市村二〇一三）。

こうした点に関して、大名が自由に築城できたわけではないことを具体的に示す好史料がある。慶長五年（一六〇〇）の関ヶ原の戦いのとき、東北地方においても、西軍方の上杉景勝と東軍方の伊達政宗・最上義光らが激突していたことは、よく知られているだろう。いわゆる「北の関ヶ原」と呼ばれる一連の合戦である。それに関連する史料のなかに、きわめて興味深いものがある。

斗蔵山《とくらやま》に普請しようとしているとのことを聞いた。しかし、当年は無用であると堅く言ったはずであるので、心配している。あの山はよい山であるが、築城することに関して、地元の百姓・町人たちが深く嫌っているという。新規築城をする際には、地元の人々とよくよく相談してから行うべきであるが、今までどうしてきたのか。粗相があってはならない（『引証記』一九）

斗蔵山とは、宮城県角田市《かくだ》にある観音霊場として有名な山岳寺院である。当時、その周辺では伊達軍と上杉軍がぶつかり合っていたのだが、その際に伊達家中のなかで斗蔵山が目を付けられ、片倉景綱からの内々の相談を受けて、伊達氏重臣の石川昭光が築城を開始しようとしていた。しかし、ことはスムーズにはいかなかった。もともと斗蔵山への築城を政宗は無用としていたが、さらに地元の百姓・町人たちが拒否反応を示しているという情報が政宗のもとへもたらされたのである。これを聞いた政宗は、新規築城する場合は、よくよく談合して示し合わせるものであるとして、片倉小十郎の粗相を注意している。斗蔵山には城郭遺構が確認されていないため、結局、築城計画は流れてしまったようである。

この史料をみる限りでは、強引にやろうと思えばできたのだろうが、百姓・町人など地元の人々の「合意」がなければ、いくら大名といえども、たとえ山城として適地であったとしても、まったく自由に築城できたわけではなさそうである。やや極端な見方をすれば、大名が築城できる場所は案外限られていたとさえいえるかもしれない。

城と聖地

城が築かれる場所については、一般的には政治的・経済的・軍事的な観点から考えられることが多い。それらも重要だが、もう一つ注目すべき観点がある。先ほどの斗蔵山は、地域の著名な霊山、すなわち聖地であった。築城に対する拒否感・嫌悪感が百姓たちの間にあったわけは、聖地であるからという理由もあったように思われる。

しかし、城が聖地に築かれる、聖地を意識して築かれる、城内に寺社を建立して聖地化するという事例は、実は多いのである。信長の岐阜《ぎふ》城（岐阜県岐阜市）や六角氏の観音寺《かんのんじ》城（滋賀県近江八幡市）、真田氏の岩櫃《いわびつ》城（群馬県東吾妻町、図8）、茨城県の笠間《かさま》城（笠間市、図9）、あるいは畿内の山岳寺院を利用した山城など、枚挙に暇がない。

城と聖地の関係に関する研究をリードしてきたのは、中澤克昭氏である（中澤一九九九）。中澤氏は、平安時代末期以降の中世城郭の立地について検討し、信仰の対象となっていた

図８　岩櫃城遠景（群馬県東吾妻町）

図９　笠間城城内に露出する岩（茨城県笠間市）

地域の聖地に城が築かれること、そうした聖地は山に限らず海に面した場所や島などであることも多いこと、いずれも山岳修験《しゅげん》・山岳信仰が密接に関わっていたことを多くの事例から明らかにした。

もちろん、そうした聖地は、眺望が良く険しい山な場合が多いので軍事性は高い。山ではなくても寺院を利用して築城すれば、その施設を城に容易に転用することもできただろう。また、河川や街道に近く交通の要衝といえる立地であることも多いだろう。そのため、どうしてもそのような観点から城としての評価をしてしまうことが多い。しかし、聖地という場に築かれたことをきちんと評価する必要は、やはりあるだろう。

なぜ聖地に築城したのか。さまざまなことが考えられるが、やはり聖地の持つ霊力のようなものを取り込むことは意図されただろう。また、聖地を信仰する地域の民衆を心性面で支配すること、それにより地域を支配する権力としての正当性を確保することも考えられたのだろう。一方で中澤氏は、権力による霊力の取り込みという観点だけでなく、聖地の持つ霊力への畏敬の念も同時に考えるべきであるとする。

これと同様に注目されるのが、古墳を利用した築城である。伝安閑天皇陵を利用して築城された、河内守護畠山氏の居城高屋《たかや》城（大阪府羽曳野市）はその代表例だろう。古墳の中心部を本丸とした構造だったが、『足利季世記』によれば、畠山稙長は「本城ニハ恐レ」て居住せず「二ノ丸」に居住している。古墳に対する畏怖の念がありながらも、城として利用していることは興味深い。

聖地論は、近年再び注目されつつあり（中井・齋藤二〇一六）、今後さらに深めるべきテーマであると考えるが、一方で筆者は難しさも感じている。たしかに聖地に城が築かれているのだが、その聖地というのはどういうレベルでの聖地なのだろうか。たとえば、狭い地域や階層内で信仰の対象となっている聖地なのか、広範囲に信仰を集める聖地なのかによって、城の性格も変わるのではないだろうか。また、狭い地域内で聖地に築かれた城が乱立してしまうような状態もあると思われるが、そうすると聖地に築かれた城だらけになってしまい、聖地に築く意味がかえってみえにくくなってしまわないだろうか。つまり、何でも聖地ということで説明されてしまいかねないように思うのである。個々の聖地の実態、それに対する信仰の実態などを掘り下げて検討していく必要性を感じる。

杉山城と聖地

近年話題の杉山城も、聖地論の観点から考えると興味深い側面がみえてくる。杉山城の大手口に積善寺《しやくぜん》という寺がある。江戸時代に記された「比企郡寺院明細帳」によると、積善寺は天台宗比叡山派で、大永五年（一五二五）に祐《ゆう》源阿闍利《げんあじやり》を開基として開山され、本尊は阿弥陀如来だという。杉山城は永正・大永年間（一五〇四〜二八）に存在した可能性が高いので、この情報が正しければ、廃城となった直後に建立されたということになり、興味深い。

ちなみに、積善寺に伝わる縁起によれば、役小角《えんのおづの》が創建し、応永十八年（一四一一）に比企・小高両氏が檀家となり再興したが、ほどなく荒廃、その後、諸国を回り修行をしていた伯耆国大山寺の祐源という僧侶が中興の祖となり今に至るのだという。祐源が来た時期は記されていないが、上記「明細帳」と同じなのだろう。

では、なぜ杉山の地に建立したのだろうか。「明細帳」によれば、杉山城跡の山腹に清泉があり、その昔、最澄が金光明経を広説した聖地だからだという。現在、城跡には井戸が残されているが、そのことを指すのだろうか。縁起にも、慶雲三年（七〇六）の夏に全国が大干ばつに見舞われたとき、役小角の弟子の積善が、地元杉山の民衆の苦しみをみかねて、寺の裏山である杉山城の地に登り、竜頭を三体彫刻したのち、山の南面にあった清水がわき出る場所から水を汲み、仏に捧げる水として密教修法を修し雨乞いをしたところ、たちまちに天から慈雨が降り注いだという逸話が記されている。杉山城の地は、清水が湧き出る一種の聖地と認識されていた様子がうかがわれる。

いずれも後世の記録にすぎないが、実は杉山には慶長二年（一五九七）以前にはすでに存在していた本山派修験大蔵院など、江戸時代でも修験関係の寺社があり、もともとそのような性格を持つ地域であったようである。こうしたことから考えると、杉山城も一種の聖地に築かれた城ということになるのかもしれない。

城と交通路

城と交通路をめぐる議論も、近年活発である。それ自体は特に目新しいテーマではないが、近年の議論の特徴は、一言でいえば、交通路の時期的な変遷や多様性・階層性を踏まえた広域に及ぶ地域構造の変化との関係に注目していることにある。

この議論をリードしているのが、齋藤慎一氏と市村高男氏である（齋藤二〇一〇、市村二〇一三）。齋藤氏は、鎌倉を起点とする鎌倉街道を中心とした中世東国の主要道の変遷を検討した。そして、それまで主要道となっていた鎌倉街道上道《かみつみち》が享徳《きょうとく》の乱あたりを境に重要性を低下させ、新たに小田原や江戸を中心とした街道が整備されていき、それと同時並行して拠点城郭が変遷していることを明らかにした。街道の政治的・軍事的な重要性はときどきにより変化するものであり、主要道として権力により整備・運用される街道も変遷すること、広域に及ぶ街道の変遷と城郭の変遷がリンクしていることなど、城郭研究だけでなく地域史研究にとっても重要な指摘となっている。

一方の市村氏は、四国全域の城館分布と交通路との関係を検討し、ほとんどの城が何らかの陸路や河川・海上交通路と密接な関係のもとに存在していること、交通路といっても国家や公権力が整備した公的な街道だけでなく、平地・山地・海浜での生産や生活と不可分に結び付いた民衆レベルの道も多く存在すること、そのため道の多様性や階層性を踏まえて城郭に関する議論も行う必要があることを指摘した。そして、そこから公権力による主要道の整備と拠点城郭・城下町の充実化が、村や町、それらを結ぶ地方道、民衆レベルの道との格差を生み、地域社会全体に大きな変容をもたらしていた様子をも浮き彫りにしている。これらの点も、築城の問題を考えるうえで今後重要なものとなるだろう。

維持管理

津久井城を歩く

山城の典型例・津久井城

神奈川県相模原市の旧津久井町域に津久井湖という人造湖がある。相模川の上流にあたるが、その湖を見下ろす円錐状の独特の形をした山が津久井城である（図10）。戦国時代に津久井《つくい》地域を支配していた内藤氏という国衆《くにしゅう》の居城として有名である。内藤氏は、もともとは扇谷《おうぎがやつ》上杉氏に属していたが、北条氏綱の段階から北条氏に従属するようになり、その後もある程度の自立性を保ちつつも徐々に譜代家臣化していった存在とされている。やや特殊な経歴を持つ内藤氏だが、その居城津久井城は、北条氏の重要支城の一つとして位置付けられていった。

城跡は、現在は神奈川県立津久井湖城山公園となっており、自然と歴史を一体化させたユニークな整備・活用が行われていて注目される。津久井城の山上部には二つのピークが

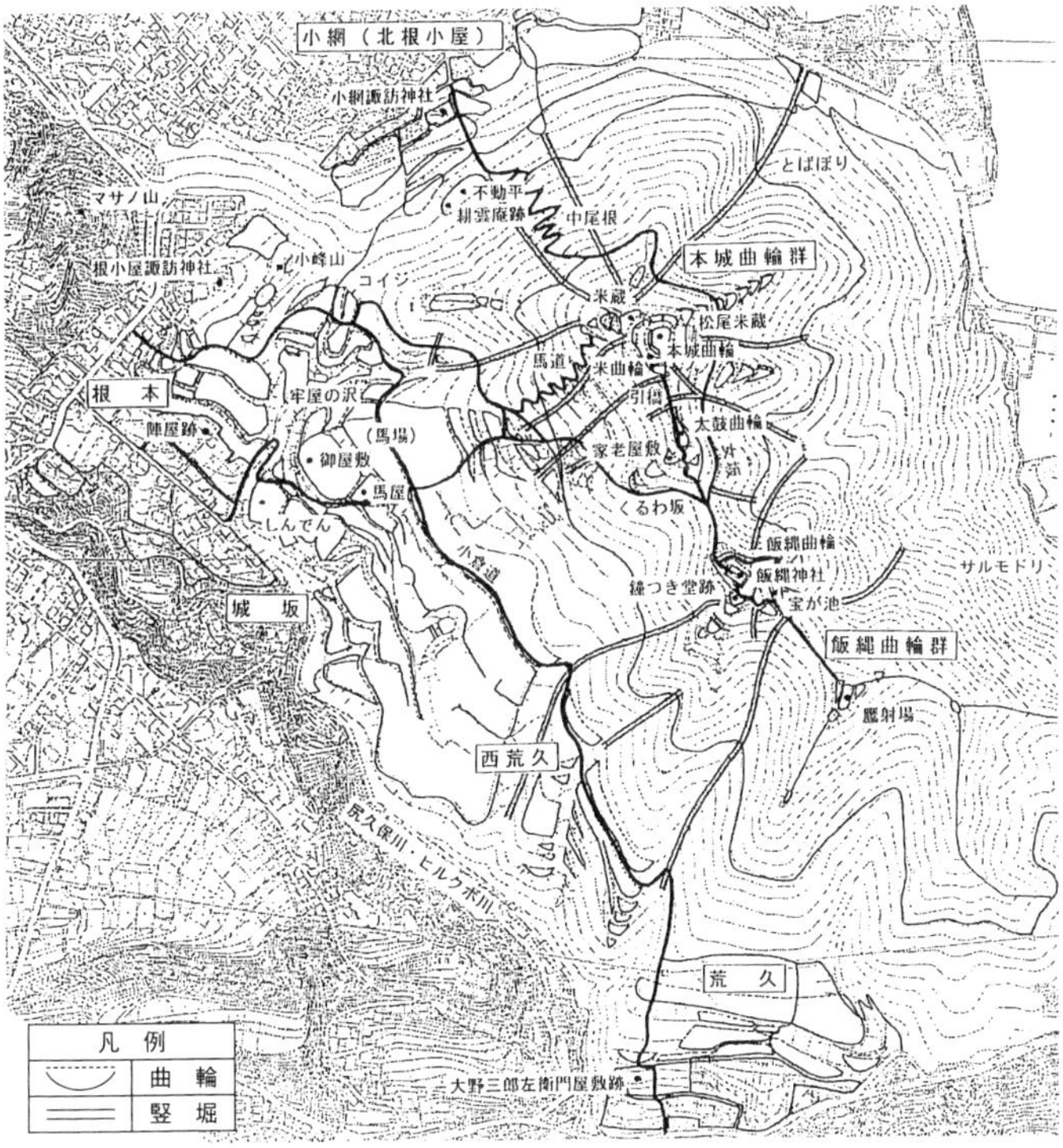

図10　津久井城縄張図（『津久井城の調査』10，相模原市教育委員会，2008年より）

ある。一つは西側のピークで、主郭である「本城曲輪《くるわ》」などが存在する「本城曲輪群」、もう一つが東側のピークで、通称「天狗山」と呼ばれ飯綱神社が鎮座する「飯縄《いいづな》曲輪」を中心とした「飯綱曲輪群」である。中心部は「本城曲輪群」であり、「本城曲輪」のほかに「米曲輪」や「家老屋敷」「太鼓曲輪」など多くの曲輪が配され、ところどころに堀切《ほりきり》や竪堀《たてぼり》、一部には石垣もみられる。一方、「飯綱曲輪群」にも「みはらし」「烽火台《のろしだい》」などの曲輪や堀切・竪堀が配されているが、比較的小規模である。いろいろな遺構があるものの、特にところどころにみられる長大な竪堀は特筆すべきものであり、見所の一つとなっている。

城域は山麓にも広がっており、南麓には城主内藤氏の居館である「御屋敷」や「馬場」「しんでん」などの曲輪がある。大手門も「御屋敷」近辺にあったといわれている。さらにその外側には城下集落である根小屋《ねごや》が広がっており、内藤氏の菩提寺である功雲寺も存在する。根小屋は西北麓にもあり、「北根小屋」と呼ばれている。その他、北麓や東麓にも関連施設があるなど、実に広大な山城となっている。

近年、津久井城は各所で発掘調査が行われ、多彩な成果が生み出されている。なかでも「本城曲輪群」の発掘調査で石敷き通路など石を使った施設が大量に出土したことは興味深い。現況でもところどころに石垣がみられることからして、思った以上に「石の城」であったようである。また、山麓部では庭園跡も発見された。近年、小田原城をはじめ北条氏関係の城跡で庭園遺構が出土しているが、それらとの関係からも注目すべき遺構である。いずれも今後の発掘調査に期待が寄せられる。

なかなか険しい山ではあるが、自然を残しつつよく整備されているうえに、典型的な山城の構造となっていることから、戦国時代の山城を体感するにはもってこいの城跡である。

津久井城の「城掟」

そんな津久井城だが、多くの城と同様に、これまで当時の具体的な構造・姿を示す文献史料は存在していなかった。ところが、奇跡的にも津久井城を対象とした「城掟《しろおきて》」（表№16、図11）が発見された。天正十二年（一五八四）十月二日付けで、北条家の虎印判が捺された立派な文書である。当時の当主は北条氏直で、宛所は北条氏の馬廻《うままわり》衆の一員として著名な山角定勝《やまかくさだかつ》である。北条氏が山角を津久井城に派遣するにあたって、その注意事項を記している。当時の津久井城主は内藤綱秀であった。

「城掟」とは、決まった形式や厳密な定義があるわけではないが、城郭の維持管理方法や城内での行動様式を記した掟書・法令のこととひとまずいえよう。戦国期の城の実態が垣間見える点で、これまでも注目されてきた史料である（西ヶ谷一九七八、下山一九七八、盛本二〇一〇）。戦国期の「城掟」については、六〇・六一ページに表としてまとめた。

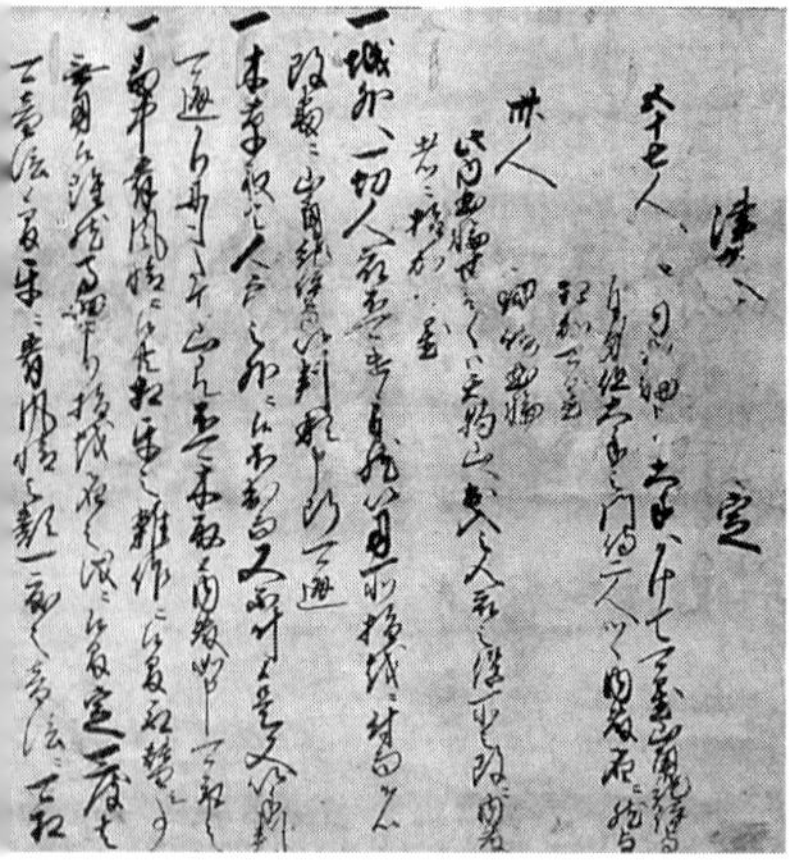

「城掟」は、永禄年間（一五五八～七〇）以降の東国、特に北条氏と武田氏関係史料に多く残存していることが知られており、豊臣期以降になると全国で散見されるようになる。東国において永禄年間以降に「城掟」が急増する背景としては、大名領国が拡大していくなかで「境目《さかいめ》」地域も広範囲に及ぶようになり、「境目の城」に在番する在番衆の統制・管理の必要性が生じたためとされる（佐脇一九九九）。ちなみに、現存最古の「城掟」は、大内氏が安芸鏡山《かがみやま》城に出した文明十年（一四七八）の「城掟」（後掲表№１）であるが、西国の戦国大名の「城掟」はこれがほぼ唯一といっていいものである。

ちなみに、「城掟」は近世になると激増する。特に、城門を対象としたものが全国各地の城においてみられる。戦国時代の「城掟」よりも内容が豊富で具体的なものが多く、当時の城のリアルな姿が浮かび上がってくる点で非常に面白い。

津久井城の「城掟」は、古書店の目録に写真付きで掲載されたことにより知られるようになり、現在は神奈川県横浜市にある馬の博物館の所蔵となっている。この「城掟」は、ほかの

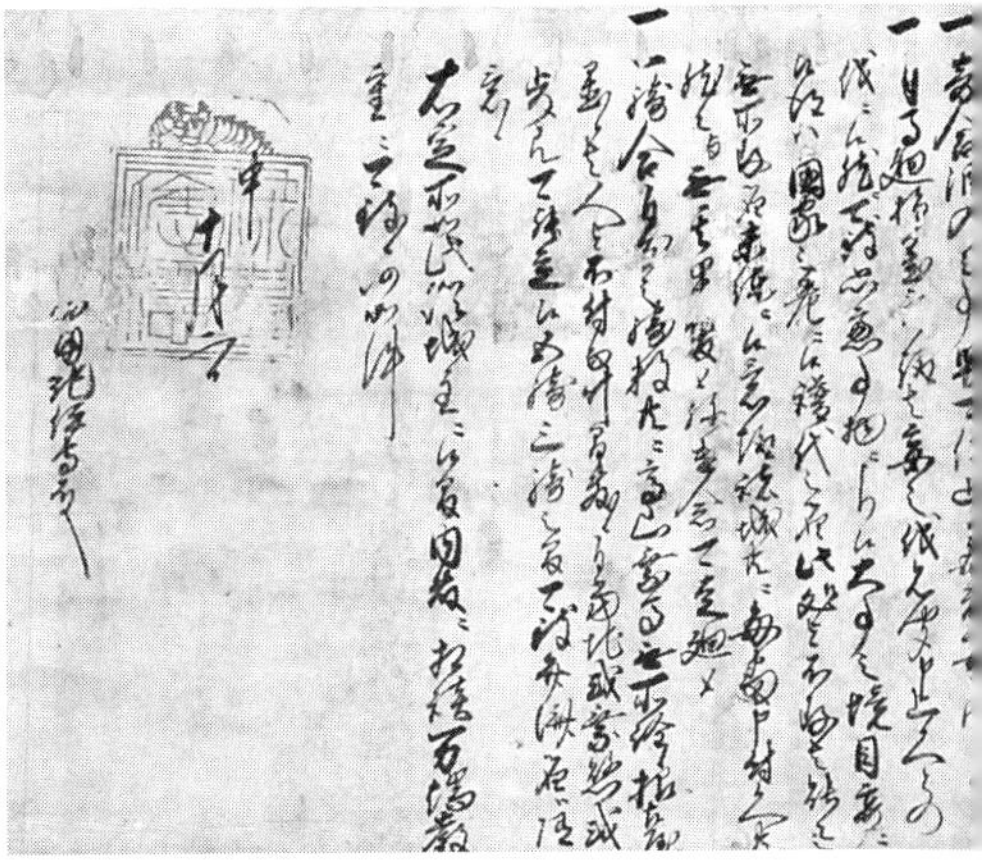

図11　津久井城の「城掟」（馬の博物館所蔵）

「城掟」と比べると内容的にやや特殊なものといえるのだが、ともかくも津久井城を研究するうえではこのうえない一級の史料であることは間違いない。

非常に充実した内容なのだが、いかんせん難解な部分がいくつかあり、正確に解釈することが難しい。それでも、ひとまず読んでみよう。

軍勢の配置

「城掟」の冒頭には、派遣される五七人と三〇人の軍勢をどこにどう配置するかが記されている。五七人は、某曲輪から「大手」へかけて山角自身も含めて配置することになっていた。ただし、「大手の門」については、侍二人を内藤の城兵に加えて配置せよとしている。

某曲輪だが、文書には「此の内曲輪」とあるので、具体的にどの曲輪を指すのかわからない点が非常にもどかしい。しかし、少なくとも「大手の門」にかなり近い位置にある曲輪であることは間違いなさそうである。ということは、山麓部の曲輪のどこか、ということになろう。また、「大手の門」を内藤の城兵と共同で守備する体制を取ろうとしていたことも面白い。当時の山麓部の使われ方、門の守備の仕方を知るうえでも興味深い。

続いて、三〇人は、「剣崎曲輪」なる曲輪に配置されることになったが、もし曲輪内が狭かったならば、「天狗山」へ出入りする城兵を改めるための人員として、これまた内藤の城兵に加えて配置せよとしている。

この「剣崎曲輪」だが、現地の遺構と見事に照らし合わせることができる。津久井城の

条数	出　典
5	「大内氏壁書」
9	「東大影写本伊佐早文書」
5	「歴代古案」
15	「駿河国風土記」
10	「森田家文書」
7	「相州文書所収高座郡武右衛門所蔵文書」
3	「豊前氏古文書抄」
17	「小山田多聞家伝　平姓小山田氏系図写」
7	「内閣文庫所蔵吾妻記」
7	「成田山霊光館所蔵喜連川文書」
5	「景勝公御年譜」
5	「相州文書所収足柄上郡藤八郎所蔵文書」
14	「神原武勇氏所蔵文書」
3	「石垣豊氏所蔵文書」
3	「上杉定勝古案集」
6	「馬の博物館所蔵文書」
7	「内閣文庫所蔵豊島宮城文書」
5	「諸州古文書十二」
7	「歴代古案」
13	「林新之助氏所蔵文書」
3	「後閑文書」
5	「吉田系図」
5	「岡谷文書」
7	「北条家印判状」

表　戦国期の「城掟」一覧（天正18年以前）

No.	史料名	城郭名	年月日
1	大内政弘印判状写	安芸鏡山城	文明10年（1478）6月20日
2	長尾景虎掟書	越後春日山城	永禄3年（1560）8月25日
3	武田家朱印状写	不明	永禄10年（1567）ヵ 8月7日
4	武田信玄判物写	駿河横山城	永禄12年（1569）4月19日
5	武田信玄判物	駿河久能城	永禄12年（1569）4月19日
6	北条家定書写	相模小田原城	天正3年（1575）3月22日
7	足利義氏条書写	下総古河城	天正5年（1577）7月4日
8	武田家朱印状写	上野箕輪城	天正7年（1579）2月2日
9	武田家朱印状写	上野名胡桃城ヵ	天正8年（1580）5月23日
10	足利義氏朱印状	下総古河城	天正8年（1580）10月11日
11	上杉景勝朱印状写	越中松倉城ヵ	天正9年（1581）5月28日
12	北条家掟書写	相模浜居場城	天正9年（1581）6月19日
13	北条家定書	相模足柄城	天正10年（1582）5月8日
14	上杉景勝条書	信濃長沼城	天正10年（1582）7月日
15	上杉景勝朱印状写	信濃飯山城	天正10年（1582）8月8日
16	北条家朱印状	相模津久井城	天正12年（1584）10月2日
17	北条氏房判物	武蔵岩槻城	天正13年（1585）11月15日
18	北条氏邦定書写	武蔵鉢形城	天正14年（1586）3月13日
19	上杉景勝朱印状写	越後木場城	天正15年（1587）6月1日
20	猪俣邦憲法度	上野榛名峠城	天正15年（1587）12月27日
21	北条家朱印状	上野厩橋城	天正16年（1588）1月23日
22	北条家朱印状写	上野権現山城	天正16年（1588）5月21日
23	北条氏邦判物	不明	天正16年（1588）閏5月27日
24	北条家朱印状写	不明（陣所ヵ）	（年未詳）12月5日

図12　津久井城剣先（神奈川県相模原市）

図13　津久井城家老屋敷の石垣（同上）

山上部に「太鼓曲輪」という曲輪があるが、その西端部分が現在も「剣先」と呼ばれている。「剣崎曲輪」は、現在の「太鼓曲輪」の西側部分、あるいは「太鼓曲輪」そのものに相当すると考えて間違いない（図12）。そこに三〇人を配置するとあるが、実際に現地を訪れると、たしかにそれほど広くはなく、三〇人程度しか配置できないであろうという空間である。

もう一つ、「天狗山」という場所が登場するが、先述したように「飯綱曲輪群」の中心部ピークのこととして現在でも呼ばれているものである。ここへ日常的に出入りする城兵がいて、かつその出入りはチェックされていた様子がうかがわれる。この部分の解釈自体やや難解なのだが、想像をたくましくすると、「天狗山」という場所は、ほかの曲輪とはやや性格が異なる曲輪だった可能性もあるのではないだろうか。「天狗山」には、現在でも飯縄神社が祀られていることからして、津久井城内における「聖なる空間」だった可能性も考えられるだろうか。

外出・宴会制限

さて、次からが具体的な条文の内容になる。第一条では、城外へはいっさい城兵を出してはいけない、もし何か用事があって城外へ派遣する場合は、改め番の者に山角が出す手形を見せて断ってから通せ、としている。第二条では、木や草を採取する者たちは城兵とは異なり城外へ外出しなくてはいけないので、これも山角が出す手形によって通せ。ただし、内藤が所有する「立山《たてやま》」（占有している山）で草木を採取してはいけない。内藤が指定する場所で内藤のいうとおりに採取せよ、としている。後述するが、城外への外出制限はほかの「城掟」でもしばしばみられるものであり、津久井城も同様であったことがわかる。

第三条は、やや難解である。「肴風情《さかなふぜい》」という聞き慣れない言葉が登場する。よくわからないが、おそらく酒の肴と関連すると思われる。また、「音信」とも関係あるのだろう。それを前提に解釈してみると、津久井城の番をしている最中に、番衆同士で肴、つまりは贈り物のやりとりをしているという噂を聞いた。それはお互いにとって面倒なことなので、やりとりすることは無用である。しかし、今回派遣する山角は馬廻衆という特別な人物なので、一度は番衆とやりとりをすべきである。あくまで一度のやりとりにせよ、というようになるだろうか。そのような人物が来るからには贈り物をしないわけにはいかないと、当時の人々は考えていたのかもしれない。

第四条は、前条との関係からだろうか、番衆が寄り合って飲み会をすることを厳しく禁じている。どうも飲み会は基本禁止だったようだが、毎回守られていないとの噂を北条氏は聞いていたようだ。どんな飲み会が行われていたのか、興味津々である。

馬廻衆を派遣する理由は？

第五条は、変わった条文である。今回、わざわざ山角という馬廻衆を派遣する理由は、津久井城などで何か良くない出来事があれば直接報告させるためである、という。何を報告するかは場合によるが、ともかく津久井城のように領国の「境目の城」の場合は、何かあったら北条領国全体の危機に直結してしまう。譜代の家臣に限ってこのことをよく肝に銘じておらず、諸城に対して毎回厳しく命じているにもかかわらず、その成果が挙がらない。そのため、より厳しく城内をチェックし、いっそうの奉公を命じる、というものである。

この「城掟」が出された天正十二年（一五八四）十月は、西では小牧・長久手の戦いが、東では北条氏と反北条連合が激突した沼尻合戦が行われた直後にあたる。北条氏としては、そのような状況下で「境目の城」に何かあったら大変だ、というわけである。戦国期の戦争は、しばしば「境目」地域の紛争から発展して勃発していたことで知られる。徳川氏とは同盟関係にあるものの、それを阻害するようなことが起きてしまったら、まさに大変なことになる。そこで、当主直属の馬廻衆を派遣して引き締めを図ったのである。家臣に対する愚痴のようなものまでこぼしている点で、北条氏の気苦労がうかがわれるが、これが大領国を形成した北条氏の「境目」の実態だった。

山角と内藤の関係

第六条も、変わった条文でやや難解である。どうも山角は、自分の手勢とともに「一騎合《いっきあい》」と呼ばれる馬上侍と従者一人がセットになったものを引き連れて津久井城に向かったようだが、津久井城のような高い山では乗馬して山上まで行くことはできない。津久井城の「根古屋《ねごや》」に馬を置いて登れば問題ないが、その場合は管理する人を付けておかないといけない。そのため、小田原城《おだわら》(神奈川県小田原市)から「乗懸《のりかけ》」(輸送業者。タクシーのようなイメージ)で行くか、あるいは徒歩で行くのが良いだろう。いずれにせよ、それほど騎馬の数は多くはないので、どうするかは自由にせよ、というような内容と思われる。

何とも不思議な条文だが、まずは「根古屋」が登場し、現地比定が可能である点で貴重な情報となっている。津久井城は、たしかにそれなりに高さのある急峻な山である。馬を山上まで登らせることはできなかった様子もうかがわれる。そこで、山麓の「根古屋」に馬を置いて徒歩で山上まで登る方法があったが、置いた馬の面倒までは内藤はどうもみてくれなかったようで、山角自身が人を手配しなければならなかった様子もまたうかがわれる。

そして最後に、結局は城主である内藤と相談して諸事行えとしている。あくまで津久井城の城主は内藤綱秀であり、山角は馬廻衆とはいえ一時的に派遣されるものにすぎなかった。今までの条文の内容をみても、山角は津久井城内の様子をチェックし北条氏に言上する役割を負わされているものの、城主である内藤の意向に大きく逆らうことはできなかったのではないだろうか。「根古屋」に置いた馬の面倒すら、内藤はしてくれない様子なので、なおさらであろう。一見、北条氏の強権的な姿勢がみられるものの、一方で譜代家臣化したとはいえ、なお一定の自立性を保持する内藤氏の力というものも垣間見られる気がするのは筆者だけであろうか。

維持管理の大変さ

めでたく築城を終えたとしても、それを維持管理できないと意味がない。

やっかいなメンテナンス

今でも、一軒家にしろマンションにしろ、このメンテナンスというものほどやっかいなものはないということは、誰もが感じていることではないだろうか。戦国時代の城も、まったく同じであった。陣城のような臨時的な、その場しのぎの城ならともかく、ある程度の期間使おうとしている城の場合、この問題は深刻であった。もちろん、攻撃を受け損傷することがあれば、当然修復しなければならない。

津久井《つくい》城の「城掟」は、内容的にはやや特殊な部類に入るが、それでも戦国城郭の維持管理のあり方の一端がよくわかる事例であった。だが、城の維持管理をめぐっては、まだまださまざまな問題があった。建物や植生の維持管理については、すでに先に触れたので、その他の点をもう少し詳しくみてみよう。

燃料の確保

城内で生活するからには、燃料などに使う草木は必要不可欠である。津久井城の「城掟《しろおきて》」には、草木採取のために城兵が城外へ出ていたことが記されていたが、これもおそらく城内での生活のために使う草木、特に薪を採取するためのものと思われる。同様の事例はほかの「城掟」でもみられ、たとえば相模足柄《あしがら》城（神奈川県南足柄市）の「城掟」（表No.13）でも、城より東方であれば草木を採取することは認められていた。

ただし、城外ならどこでも自由に採取できたわけではなかったことには注意したい。津久井城の場合も、内藤氏の「立山《たてやま》」では採取してはいけないとされていた。足柄城でも、城より西方にはいっさい城兵を出してはならず草木も採取してはいけないことになっていた。周辺地域の百姓の用益を侵してしまう可能性や、敵地に侵入してしまう可能性も捨てきれない。そのため、どこで草木を採取するかについても、かなり細かく決められていたのだろう。

なお、朝鮮出兵時にも、冬場への対策を兼ねて、炭や薪の生産・貯蔵が豊臣秀吉から倭《わ》城の在城衆へ命じられている（「小早川家文書」など）。

城の備品

城には、いざ籠城となったときのことも考え、それなりの数の備品を常備しており、その維持管理も重要なものだった。九州の著名な武将である立花道雪《どうせつ》が娘の誾千代《ぎんちよ》に家督を譲った際に出した譲状のなかに、居城である筑前立花山《たちばなやま》城（福岡県福岡市、図14）の備品に関する記述がある（「立花家文書」）。それによると、立花山城には具足三〇領、甲三〇領、大鉄砲一五張、小筒一張、鑓五〇本、「塩砂」一〇〇〇斤、鉛一〇〇〇斤、銀一〇貫、「置米」一〇〇〇石、「塩蔵」（塩が貯蔵されていたのだろう）、水甕五〇個、大樽、板七五〇枚、薪、縄、松明などがあったことがわかる。武器・食料関係が圧倒的に多いのは当然だろう。特に水甕は興味深い。城内での飲料水は井戸でまかなっていたというイメージがあるが、水甕による飲料水確保も考える必要があろう。

北条氏の上野権現山《ごんげんやま》城（群馬県高山村）にも「城物《じようもつ》」の書き立てが残されており、「大鉄砲」「小鉄砲」「くろ金玉」「大玉」「弓」「鑓」「ゑんせう《塩硝》」「うつほ《靫》」「薬研」「兵粮」といった武具類が多くみられる（「諸州古文書一二」）。朝鮮出兵時になると、より詳細に備品を記した史料が登場し、亀浦倭城（大韓民国釜山広域市）には武具や燃料のほか、兵粮として「みそ《味噌》」「しほ《塩》」「あらめ《荒布》」「なたね《菜種》」「ほしいひ《乾飯》」「いわし《鰯》」「まめ《豆》」「米」が備蓄されている（「小早川家文書」）。

備品のなかで特に注意したいものは、兵粮である。兵粮をいかに確保するかが、ある意

図14　立花山城石垣（福岡県福岡市）

味、戦国期の戦争の明暗を分けていた。城内に備蓄される兵粮は「城米」と呼ばれ、大名は領内から現物を徴収するほか、「城米銭」として米を購入するための銭を納入させていた。戦国期においては、常備の兵粮はあまりなかったのが実態で、多くの場合は戦時になってからの買い付けによっていたというから、常時城内に備蓄してある兵粮は、それほど多くなかったのが実態なのだろう。

兵粮が十分あったとしても、油断はできない。駿河横山《よこやま》城・久能《くのう》城（静岡県静岡市）の「城掟」（表№4・5）には、大酒禁止の附則として、「在城の貴賤、両飯の外みだりに餅・飯を食うべからざるの事」とある。兵粮の過度な消費を警戒していることがわかる。一方、安芸鏡山《かがみやま》城の「城掟」には、「置兵粮、無為の時、当城衆へ配るべからざる事」とある。籠城時でもないのに城兵に兵粮を配ってしまう恐れがあったことになる。実は当時の兵粮は、モノとしてのみならずカネとしての側面もあったことが明らかにされており（久保二〇一五）、この場合も食料以外の用途として配られた可能性もあるだろう。いずれにせよ、兵粮は大名にとって悩みの種の一つだったようである。

城の備品は、城外から持ち運ぶだけではない。特に玉薬や鉄砲玉などの類は、城内で生産されることがしばしばあった。伊達氏の場合は、米沢《よねざわ》城（山形県米沢市）内で鉄砲の火薬となる玉薬を製造している様子が『伊達天正日記』にたびたび記されている。北条氏は、小田原合戦直前に領国各地から寺社が所有する鐘を供出させているが（「玉泉寺文書」）、それらを溶かして武器の製造に利用していたようである。武蔵八王子《はちおうじ》城（東京都八王子市）の発掘調査では、実際に溶けた鐘の一部が発見され、話題となった。各地の城跡を発掘すると鍛冶遺構が出土することがあるが、伊豆韮山《にらやま》城には城内に鍛冶屋を建て、釘などの鉄製品を生産していたことがわかっている（「浜村文書」）。

城内の掃除

城内で生活をする以上、日頃の掃除は大事な作業の一つであった。特に北条氏の城郭関係史料をみていると、この「掃除」が頻出することに気づく。小田原《おだわら》城「小曲輪」の「城掟」（表No.6）には、「毎日当曲輪の掃除、厳密に致すべし」

とあり、毎日の「掃除」が義務付けられていたし、上野榛名峠《はるなとうげ》城（群馬県高山村）や権現山城の「城掟」（表№20・22）では、在番衆が交代する際に「掃除」が義務付けられ、「きらびやかに」して受け取り渡しをするよう定めている。島津氏の宮崎城（宮崎県宮崎市）では、夏場に城内の草刈りが行われていたことも確認される（『上井覚兼日記』）。「掃除」を徹底することによって、多くの人々が日常的にいて、なおかつ在番衆の交代などで人々の出入りが頻繁な城内の衛生環境を整えることは、城の円滑な運用のために必要不可欠なことだった。

城内には、いろいろと汚いものがあっただろうが、なかでも一番汚いものは、やはり糞尿だろう。人間の糞尿だけならまだしも、城内にも馬をはじめとした動物が当然いたはずで、その糞尿も大量に出されていたはずである。この糞尿の処理を実際どのように処理していたのかについては、なかなか史料上に現れないため不明な部分が多いのだが、奇跡的にそれが記されている史料が残っている。

北条氏の相模浜居場《はまいば》城（神奈川県南足柄市）の「城掟」（表№12）には、「人馬の糞水毎日城外へ取り出し、いかにも綺麗に致すべし、但し、城一遠矢の内に置くべからず、遠所へ捨てるべき事」とあり、人や馬の糞尿は毎日城外へ出して城内を清潔にするように定められていた。その処理方法としては、城内から遠矢を放ち、その矢が落ちたところから奥へ

図15　鉢形城秩父曲輪（埼玉県寄居町）

捨てるというものであった。ほかの大名家ではこうした史料はまったく残っていないが、おそらく同様に命じられていたことだろう。

ところで、史料に登場する「掃除」は、決してモノや空間をキレイにするという意味にとどまらなかったようである。そのことがよくわかる事例として、北条氏邦が鉢形《はちがた》城秩父曲輪（図15）を守備する家臣秩父孫次郎らに与えた「掃除掟」が挙げられる（表№18）。秩父曲輪の「掃除」をするにあたって、家臣たちに細かく担当場所を割り振っている様子がよくわかる史料なのだが、よく読むと秩父曲輪の建物や塀・柵・土塁のメンテナンスについて詳細に命じている。つまり、

「掃除」とはモノや空間をキレイにするという意味に限定される言葉ではなく、城内の構築物のメンテナンスをも意味する言葉だったのである。ここに、当時の「掃除」の重要性がうかがわれよう。

自然災害への対応

城が恒常的に存在するようになれば、自然災害への対応も重要な課題となる。東日本大震災では各地の城が甚大な被害を受けたが、戦国期も地震による被害はしばしばみられた。

天正十三年（一五八五）の巨大地震によりまるごと崩落し消えてしまった、飛騨帰雲《かえりぐも》城（岐阜県白川村）は有名だろう。これは極端な事例だが、同じ地震で伊勢長島《ながしま》城（三重県桑名市）では火災が発生し、天守以下が焼失している（「黄薇古簡集」五）。徳川家康の家臣松平家忠《いえただ》が記した『家忠日記』には、天正十七年二月に起きた地震により、駿河興国寺《こうこくじ》城・沼津《ぬまづ》城（静岡県沼津市）・長久保《ながくぼ》城（静岡県長泉町）の塀や二階門が破損したことが記されている。その再興にかかる時間と費用は大変なものだっただろう。

地震よりも史料上にしばしばみられるのは、大雨や暴風による被害である。大内氏の豊前妙見岳《みようけんだけ》城（大分県宇佐市）は、天文十二年（一五四三）頃の七月に大雨に見舞われてしまい、城内の「芝矢倉《しばやぐら》」なるものが三間にわたって崩落してしまった。それを受けて、家臣の元重次郎右衛門尉が人夫五一人を動員し「芝」を納めて修復したので、大内氏が褒め称えている（「河谷本地治家蔵文書」）。七月ということは、おそらく台風による大雨なのだろう。妙見岳城では、某年八月にも「大風」により塀が破損する被害にあっており（「萩原巌根家蔵文書」）、自然災害の影響を大きく受けつつ維持管理しなければならなかったのである。

むろん、こうしたことは西日本に限ったことではない。「大風」の被害は上総勝浦城《かつうら》（千葉県勝浦市）でもみられ、「門戸」以下が破損し、城主の正木頼忠は「再興」に尽力している（「千葉県立中央図書館所蔵三浦文書」）。勝浦城は海に面した城であるため、特に被害が大きかったのだろうか。陸奥赤坂《あかさか》城（福島県鮫川村）では、一五世紀半ばに大雨により城内の一部が崩れてしまう事態が発生してしまった。その崩落が激しかったせいか、同じ場所に再建するのではなく、尾根続きに新規築城をしている（「秋田藩家蔵文書」二九）。

前田利家の加賀尾山《おやま》城（金沢城の前身。石川県金沢市）では、広間に雷が落ちるという被害が出ている（「高爪神社所蔵文書」）。ちょうどそのとき、子の利勝が近くにいて多少の衝撃を受けたが、無事だったという。戦国期において落雷に関する史料はきわめて珍しい。だが、おそらく史料上に現れないだけで、特に山城では落雷による被害はそれ相当にあったと思われる。

このような災害に対する対策を大名側も講じていた。「城掟」には、風雨のときに城内の見回りを義務付けるものが多く、いち早く破損箇所を発見し修理する体制を整えていた。玉縄《たまなわ》城では、雨風に当たらないよう普段は塀に「覆《おおい》」を被せていたことも確認できる（「陶山静彦氏所蔵文書」）。城にとって、敵は人間だけではなかったのである。

さまざまな人の出入り

これまでみてきたものは、いわばハード面のメンテナンスである。しかし、戦国の城の維持管理はそれだけでは済まない。城には在城衆・在番衆をはじめ、さまざまな階層の多くの人がいて、また出入りしていた。こうした人々をいかにコントロールするのかということも、城の維持管理にとって大事な問題であった。

城には、戦時も平時もさまざまな人々が出入りをし、またしようとしていた。「城掟」を読むと、「火付《ひつけ》」「目付《めつけ》」「盗賊」から「敵方へ通用の者」「他国人」「知人」「不案内者」「地衆《じしゅう》」「地下人《じげにん》」「半手《はんて》諸郷の者共」など、実にいろいろな人々の出入りが想定されていたことがわかる。

このうち、「他国人」は大名領国外の人であるが、領国外というだけで監視の対象となっていたことになる。「地衆」は地元の土豪・地侍、あるいは百姓レベルのものも含めるのかもしれないが、彼らもすんなりと入城することはできなかった。下総古河《こが》城（茨城県古河市）の「城掟」（表№7、図16）に登場する「半手諸郷の者共」は、大名領国境目地域

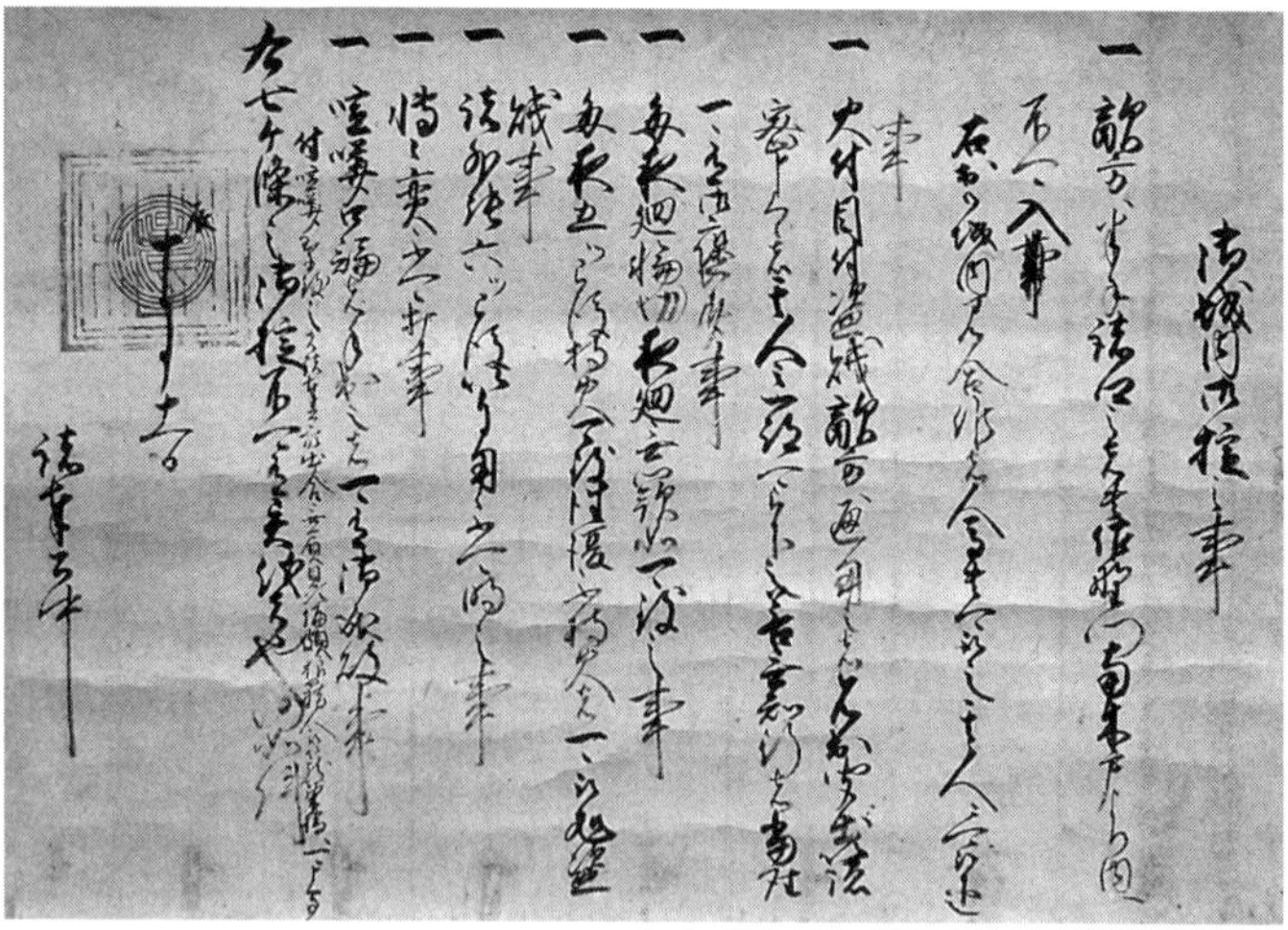

図16　古河城の「城掟」（「喜連川文書」，成田山霊光館所蔵）

に位置して両属状態、すなわち「半手」となっている村や町に所属しているもののことを指している。あくまで両属状態なので、半分敵方とみなされ、城内への出入りが規制されたのであろう。「知人」のなかには、当番の者の替え玉として入城するものもいたのかもしれない。先ほど触れた安芸鏡城の「城掟」では、当番の者は「名代」を使ってはいけないとあることから、そのような事態も発生していたことがうかがわれる。

このように、城外からの不法侵入を阻止することは当然だが、同時に城内から城外へ出て行く人の取り締まりも行っていた。「城掟」をみると、むしろこちらの方が多くの城で直面する問題だったのではないかとさえ思うほどである。戦国期の軍勢の実態から考えるに仕事を放棄して逃げ出してしまうこともあったであろうし、城外の村や町で乱暴狼藉《ろうぜき》をするものもいたと思われる。城内の統制という側面とともに、周辺地域社会の治安維持という面でも、城外へのむやみな外出は禁止されたのである。

このほかにも、横山城・久能城の「城掟」に「人質の番、疎略あるべからざるの事」とあることからわかるように、「人質」の番も重要な任務であり、彼らが城内から逃げ出さないよう目を光らせていた。城のこうした日常を考えると、縄張を分析する際にも、外からの攻撃をいかに防ぐのかという面だけでなく、内側からいかに外に出させないようにするのか、ということも考える必要があるいはあるのかもしれない。

曲輪の階層性

在城衆や在番衆は城内に自由に出入りできたのかというと、どうもそうではないらしい。彼らの属性によって、出入りできる曲輪《くるわ》が限定されているのが一般的であった。曲輪間には明確な格差があり、実際の運用面でもその差ははっきりとしていた。

横山城の「城掟」では、武田氏の本拠地である甲斐から派遣された軍勢は「本城」に出入りできるが、地元の駿河衆・先方衆は「本城」へ出入りすることはいっさい禁止とされ、やむを得ない所用の場合でも昼間のみ一〇名程度に限定されていた。古河城の場合は、「半手諸郷の者共」は、「佐野門南木戸」より内側には入ってはいけないが、その外側であれば入って良かった。鉢形城の場合は、百姓が訴訟を行うために目安を捧げる場所として、城域の外側に位置する「大好寺曲輪」が指定されていた（「持田文書」）。地域の拠点城郭は、紛争の裁許を行う場でもあったため、百姓が出入りすることもしばしばあったが、やはり場所は限定されていた。このように、城内は閉ざされた空間と開かれた空間に厳然と分けられており、相互の行き来も自由にできなかったのである。

大名が城内において特に注意をした集団として、「地衆」や「地下人」が挙げられる。横山城の「城掟」では、「地衆」については「二の曲輪」から内側へは出入り禁止となっていた。そもそも「城内」へみだりに出入りすること自体禁止という場合すらあった。大名にとって、「地衆」は重要な戦力であるが、全面的には信頼の置けない微妙な存在だった。

かといって、単にやっかいな存在だけなのではなかった。そのような差別をしつつも、彼らに乱暴狼藉をしないよう命じていることも諸大名で共通している。また、上杉氏の越中松倉《まつくら》城（富山県魚津市）の「城掟」（表№11）をみると、「外構」には「屋市」があって「地衆」が自由に出入りして商売すら行っていたようである。そのような開かれた空間を城内に創出し、「地衆」らを保護するとともに、彼らによる経済活動を保証することによって必要な物資を入手していたのであろうし、それにより地域を支配する権力としての正当性をも確保していたのだろう。

城門警備は厳しく

厳しい警備体制のなかでも特に焦点となったのが、日常的に人が出入りし、戦時も攻防戦の主たる舞台となる城門、虎口《こぐち》であった。「城掟」を通覧すると、城門に関する規定が非常に多いことに気付くだろう。横山城では、「城内の用心」と「門城戸の番」は「昼三度、夜三度」行われていた。榛名峠城では、敵が攻撃を仕掛けてきた際には、虎口を固めるよう命じている。

また、考えてみれば当たり前だが、城には門限があった。そんなことまでわかるのが「城掟」なのであるが、これが実に面白い。北条氏の場合は、たとえば榛名峠城では「朝五ツ」＝午前八時頃に開門し、「七ツ」＝午後四時頃に閉門、小田原城の「小曲輪」では「六ツ」＝午前六時頃に開門し、「入相《いりあい》の鐘」が鳴ったら閉門、岩付《いわつき》城の車橋門は「七つ半」＝午後九時に閉門（表No.17）、古河城の「諸戸張」は六つ時＝午後六時頃に閉門であったことがわかっている。門限を破った場合は、その曲輪の担当者が処罰される仕組みになっていた。

北条氏だけではない。武田氏の城の門限もわかっている。横山城・久能城の場合は、「酉刻」＝午後六時頃に閉門し、「辰巳」＝午前九時頃に開門することになっていた。両城とも永禄期の「城掟」だが、天正七年（一五七九）に出された上野箕輪《みのわ》城（群馬県高崎市）

の「城掟」（表No.8）では、武田領国の「定法」として「辰の初」（午前七時頃）に開門、「申の尾」（午後五時頃）に閉門とされている。

大名家も違えば個々の城の性格も違うので、単純な比較はできないものの、北条領国ではあまり開閉時間が統一されていなかったのかもしれない。一方の武田領国では、永禄年間から天正年間（一五五八〜九二）にかけて「定法」がつくり上げられ、開閉時間が領国で統一された可能性がある。この違いはいったい何なのか、興味は尽きない。

夜間の備え

一日のうちでもっとも警戒しなければならない時間帯は、やはり夜中だったようである。浜居場城の「城掟」に「夜中の用心念を遣わし、いかにも厳密にこれを致すべき事」とあるが、まさにこれに尽きるということだろう。実際、小田原城「小曲輪」では、夜中に不寝番をして土塁上を歩いて警戒することになっていたし、古河城でも毎晩曲輪の「夜廻」が行われ、松明を持たないものは盗賊とみなされ処罰することになっていた。

盗賊のほかに、すっぱ（忍者のようなもの）の侵入も懸念されていた。北条氏邦は、某城を守る家臣の吉田真重に対して、夜間に三回ずつ石を転がし松明をなげて警戒せよと、かなり具体的な指示を出している（「武州文書」）。榛名峠城では夜中に「拍子木」を打って警戒に当たっていた。敵との最前線に位置する「境目《さかいめ》の城」のリアルな姿が垣間見られる。

火の用心

岩付城の「城掟」に「第一火の輪に念を遣わされ申すべき事」とあるように、火の用心は夜間警備とともに何よりも大事な仕事であった（図17）。

火事への対策はどのようにされていたのだろうか。

上野の国衆由良氏の支城である伊勢崎《いせさき》城（群馬県伊勢崎市）は、天正元年（一五七三）に上杉軍から火矢を射られたことにより、城内の一部が焼失し、番衆が駆け付けて消火活動をしている（「東大・由良文書」）。岩付城でも、豊臣軍の襲来を目前にして、それまで板屋・萱屋《かやや》だった城内の建物を塗屋にして防火対策を施している（「越前史料所収山本文書」）。攻城戦における放火の威力を物語る。

しかし、日常的に気をつけなければならなかったのは、城内からの失火であった。下野祇園《ぎおん》城（栃木県小山市）では、天正四年頃に「実城《みじょう》」の「たかや河内」と「よこくら備前」の屋敷の間から出火し、大事な「実城」の「西の門」など多くの建物が焼失してしまっている（「秋田藩家蔵文書」一）。陸奥守山《もりやま》城（福島県郡山市）では、失火により「中城」が消失し、防備が手薄になったと判断した二階堂盛義が岩城親隆に出陣を要請し、実際に親隆は守山城を攻撃している（「秋田藩家蔵文書」弐拾八」）。

陣城《じんじろ》でも、火事が頻繁に起こっていたようである。徳川氏が武田氏の遠江高天神《たかてんじん》城（静岡県掛川市）を攻めているときも、周辺に多くの陣城が築かれたが、酒井忠次や石川数正・松平家忠の陣城で次々と出火している（『家忠日記』）。これも放火ではなく失火だったようで、家忠は火を出した中間《ちゅうげん》（下級武士）を成敗している。どの大名でも火の用心は繰り返し命じられているが、いくら警戒しても火事はなくならず、常にその恐怖と向き合わなければならない状態であった。

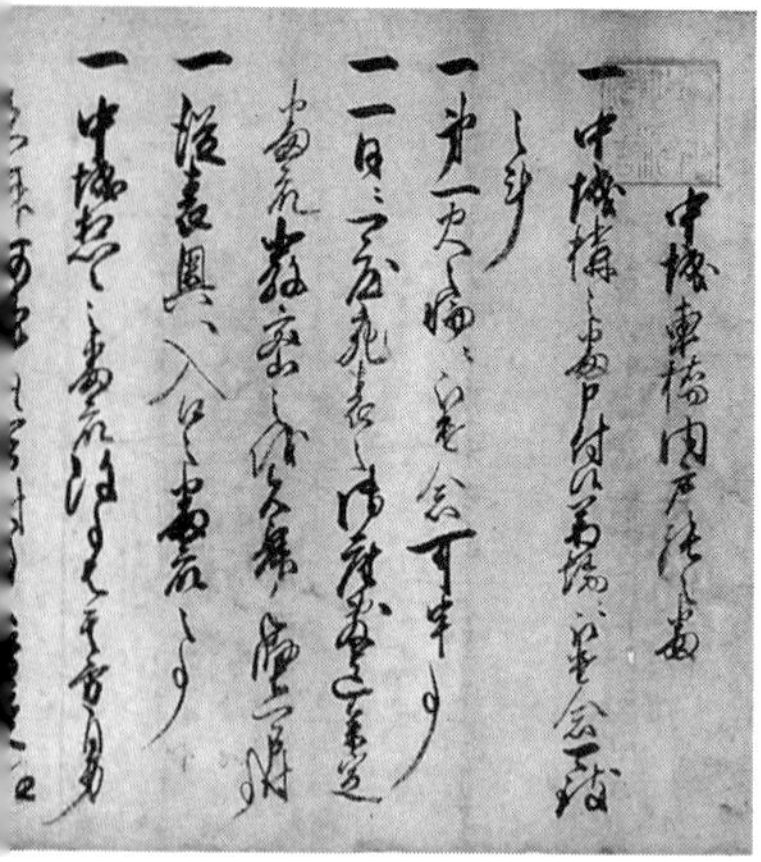

飲み会・賭け事・踊り・歌も禁止

城内で生活し警備などの業務を日常的に行うからには、当然ながら城兵同士の交流が生まれてくる。どのように交流をするかというと、やはり今も昔も飲み会がお決まりのパターンであった。

津久井《つくい》城の「城掟」では「寄合酒のミ事」が、横山城・久能城の「城掟」では「大酒」が厳禁されていた。まさに「飲み会禁止令」である。それでも、こうした条文がしばしばみられるということは、おそらく止めることはなかったのだろう。酒でも飲んでいないとやってられない、というのが城兵の本音なのかもしれない。

本来は緊張感が常に漂っていなければならな

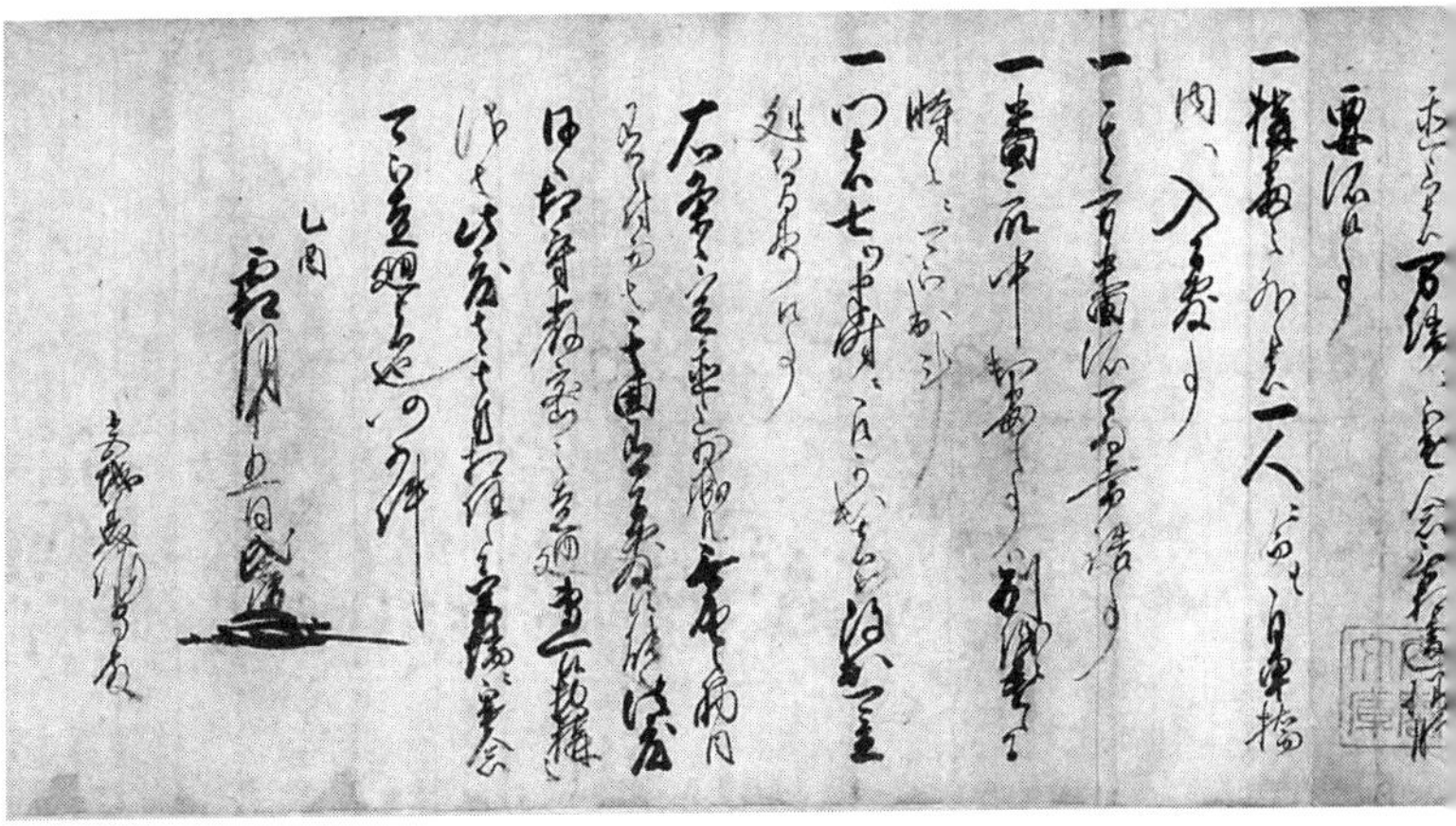

図17　岩付城の「城掟」（「豊島宮城文書」，国立公文書館所蔵）

いはずの城内だが、飲み会以外にも実にさまざまな娯楽が行われていた。「博打」「双六」「乱舞」「高声」「謡」「小唄」「遊興」「野牧」「河狩」などである。ストレスが溜まる生活のなかで、ちょっとした息抜きとして行われていたのだろうが、大名側はそれも禁止する。在番衆もつらいよ、といえるが、裏を返せば戦国期の軍事的緊張状態においても、権力の目をかいくぐって日常的に城内でそうしたことが行われていたともいえる。もっとも、「寄合酒飲み事」は「毎度妄りの由」とあることから、大名側も事態を把握し禁止はしているものの、ある程度は仕方ないと認めざるをえなかったのだろう。

そのような娯楽は、ともすればトラブルの原因になりやすい。また、人がたくさん集まれば、喧嘩や犯罪が起きる可能性も高くなる。そのため、喧嘩口論・徒党の禁止や、盗賊の処罰についての条文も実に多い。これも裏を返せばそれだけ城内で日常的にそうしたことが起きていた、もしくは起きる可能性が多分にあったということになる。

近世の「城掟」

最後に、やや蛇足ではあるが、近世の「城掟」について触れたい。先述したように、近世になると「城掟」は激増するが、そのほとんどは個別の城門を対象とした「城門掟」となっている。これを網羅的に検討した白峰旬氏の研究を参考に、その特徴をまとめてみたい（白峰二〇〇二）。

近世の「城掟」の内容としては、門限、掃除、夜中の点灯、火の用心、許可証提示によるヒト・モノの出入り、備品管理、商売人や知人らの出入・高声・博打・被り物・飲酒・乱舞・小唄・喧嘩・落書・小便・釣り・タバコ・堀へのゴミ捨てなどの禁止・制限や、女性・子どもに関する規定、さらには動物に関する規定まであった。それだけでなく、たとえば出入りする人々については身分・職業・性別や具体的な行動が、物資については具体的な品目が、掃除については城内のどの部分をどのように掃除するのか、門限については城門や曲輪ごとの開閉時間が、あるいは同じ城門でも大扉とくぐり戸の開閉時間の違いが記されているなど、一つ一つの内容が非常に詳細かつ具体的になっているのである。

ここで注目したいのが、戦国期の「城掟」と近世の「城掟」には共通する内容が実に多いことである。戦国期の「城掟」は、近世ほど詳細ではないため、細かい部分の実態がつかめない。しかし、近世の「城掟」ではそれがよくわかる。出入りする人々の実態一つ取ってもそうである。そのため、近世の「城掟」を分析することによって、戦国期の「城掟」の理解も進んでいくのではないだろうか。もちろん、時代状況が大きく異なるため、単純な比較は慎まなければならないが、同じ城という場に出され、同様の内容を持つことを踏まえると、まだまだ不明瞭な戦国期の城の実態を考える大きなヒントに十分なりうると考えるのである。今後、意識的に検討していくことが必要ではないだろうか。

整理・淘汰されていく城

ハード面でもソフト面でも、城の維持管理は大名や家臣にとっても実際にメンテナンス作業を請け負う村や町にとっても、軽い負担ではなかったことは間違いないだろう。戦線や領国が拡大し、多くの城を維持管理し続けないと領国全体の危機に直結してしまうのが戦国時代であったが、あらゆる城を日常的に維持管理することは、事実上不可能であった。そのため、どこかで整理・淘汰されるのは必然的であった。このようなこともあり、多くの城は廃城へと向かっていく。

廃城

終わりを迎えた城

廃城へ

当たり前だが、城は目的に応じて築城され、一定期間役割を果たしたのち、廃城となる。城が城としての役割を終え、生命を失うまでには、どのような過程があったのだろうか。その背景には何があり、実際にどのようにして廃城となったのだろうか。こうした問題も、「城の一生」を考えるうえで、避けて通れないものだろう。本章では、多くの先行研究に学びながら、戦国時代における廃城に注目して、その実態や意味を考えていきたい。

謙信に攻略された上野石倉城

群馬県前橋市の中心部、利根川左岸に前橋公園と群馬県庁がある。その周辺一帯が、中世厩橋《まやばし》城跡、近世の前橋《まえばし》城跡である。中世・近世を通じて、この地域の拠点城郭だった。群馬県庁はひときわ高いタワー

図18　石倉城城跡碑（群馬県前橋市）

ビルなので、周囲からとても目立つ存在であるが、その県庁の敷地が近世の前橋城本丸にあたる。中世の厩橋城の主郭の場所はよくわからないが、近世の本丸とそれほど大差ないのではないかと考えられる。城跡の遺構はほとんど残されていないが、現在でも県庁敷地内や市街地の各所に近世前橋城の土塁や虎口《こぐち》・石垣の一部が残っている。

その前橋城と利根川を挟んだ対岸に、石倉《いしくら》城という戦国時代の城がある（図18）。現地に行くと、県庁のタワービルが目の前にそびえ立っており、前橋城の目と鼻の先にあることがよくわかる位置関係となっている。このように、すぐ隣に前橋城があるものの、実は史料にもたびたび登場する重要な城で、しかも当時は広大な城域を有していたようである。その様子は、群馬県の中世城郭研究の大家である山崎一氏による縄張図《なわばり》からも十分うかがわれよう。ただ、残念ながら今では遺構はほとんど残っていない。

さて、この石倉城へ元亀三年（一五七二）閏正月早々、上杉謙信が攻めてきた。当時、石倉城は武田信玄が抱える城であった。さすがの石倉城も、謙信の猛攻の前に閏正月三日に陥落してしまった。そのときの様子を記した謙信の書状によると、陥落後に謙信は三日間同城に在城して戦後処理にあたったようだが、その間に城を「平等」に「破却」し、六日には厩橋城に戻ったという（「山川雅史氏所蔵文書」）。謙信は、攻略した石倉城を利用せずに破却したことがわかる。

「平等」に、というからには、キレイさっぱりと破却したのだろうか。ただ、別の文書では「卒尓《そつじ》」にとあることから、にわかに急いで破却したというのが実態なのかもしれない。この直後に信玄は西上野に出陣し、石倉近辺に陣取って、厩橋にいた謙信と利根川を挟んで対陣している。謙信にとって、石倉城はもはや不要なものだったのと同時に、あるいは信玄にすぐに利用されないよう急いで破却した可能性も大いにあろう。ともかく、これで石倉城は廃城となったものと考えられる。

「名城」音羽城の廃城

滋賀県蒲生郡日野町は、蒲生氏郷で有名な蒲生氏の本拠地だったところである。蒲生氏の居城としては日野《ひの》城が有名だが、その前は応仁・文明年間（一四六七〜八七）に蒲生貞秀によって築かれた音羽《おとわ》城が居城だった。現在も土塁や堀などの遺構が良好に残っている（図19）。

大永二年（一五二二）から三年にかけて、蒲生家では同族間抗争が勃発し、叔父の蒲生高郷《たかさと》や守護六角定頼の軍勢は、当時の若き当主蒲生秀紀《ひでのり》を音羽城に攻めた。秀紀は八ヶ月間にも及ぶ籠城を行い奮戦したものの、遂に落城してしまった。

戦後、落城した音羽城をどう処理するのかという問題が浮上した。このことについて記された『経尋記』という古記録の大永三年三月十八日条によると、六角定頼は、音羽城は「明城」（＝名城！）であるため、利用せず廃城にしてしまうのは惜しいと思いつつも、「惣国」つまりは自分の領国内には城郭を築くことは禁止しているため、破却することに決したようだ。六角氏に反抗したものの拠点としての城は、そのまま存続させておくわけにはいかなかったのだろうか。そして、実際に三月十日から城を破却し始め、二十八日には終了して帰陣する予定となっていた。

城破り・破城

東西二つの城の廃城の様子をみてみた。廃城へと至る過程・背景には、これらの事例にとどまらないさまざまなものがあったが、その多くに共

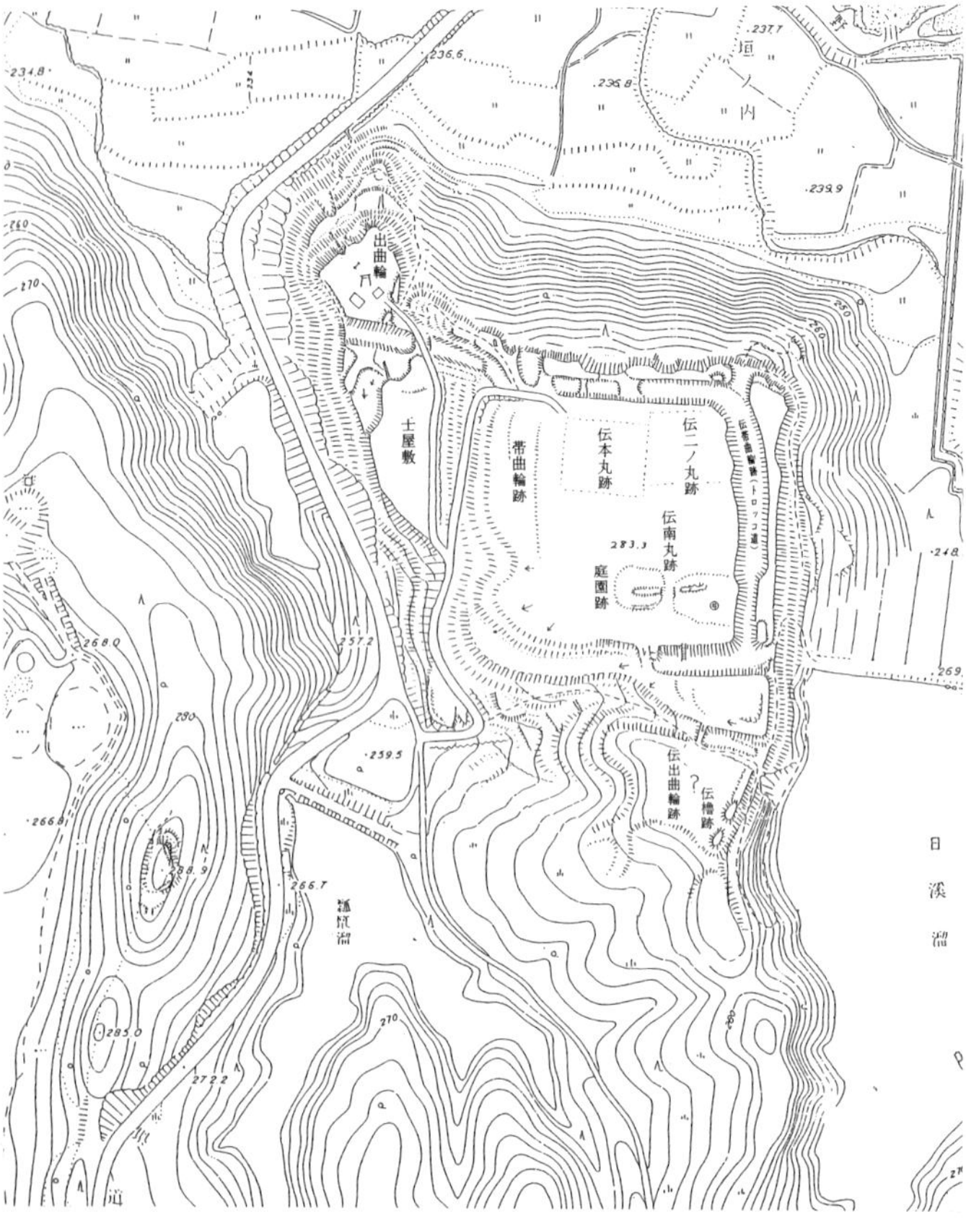

図19　音羽城縄張図（『滋賀県中世城郭分布調査』4，滋賀県教育委員会，1986年より）

通する事象がある。それは、平和裏に廃城となったにせよ、攻撃を受けて落城して廃城となったにせよ、その城が破却行為を受けているということである。

このことは、当時の用語を用いて城破《しろわ》り・破城《はじょう》と呼ばれ、城郭研究において重要な研究テーマの一つとなっている。城の破却のあり方から戦国時代の実態が垣間見えるということで、考古学・文献史学を中心に研究が進められている（小林一九九四、藤木・伊藤二〇〇一）。今でも全国各地の発掘調査の現場で、城破りの痕跡が確認・報告され続けており、なお活発に議論されている。

そうした城破り論の成果に拠りながら、もう少し廃城の背景についてみていきたい。

停戦・和睦による廃城

天正十二年（一五八四）三月、羽柴秀吉と織田信雄《のぶかつ》・徳川家康との対立が激化し、小牧・長久手の戦いが勃発した。秀吉の「天下統一」過程のなかでも重要な戦いとして、教科書にも大きく取り上げられている有名な戦いである。

小牧・長久手の戦いといえば、尾張長久手で徳川軍が秀吉軍に華々しく勝利したシーンが有名なため、そのネーミングからも、小牧や長久手といった局所的・限定的な戦いとあるいは思われてしまうかもしれない。しかし、実際には尾張・伊勢を主たる戦場としつつ、広範囲にわたって戦いが繰り広げられた大規模戦争だったことがわかっている。近年、多方面から研究が進み、「天下分け目の戦い」であったと評されることもある。

そんな小牧・長久手の戦いも、十月頃になると、事態は停戦・和睦の方向へと進んでいく。そして、和睦締結直前の十一月十三日、秀吉は信雄・家康に対して和睦条件を示す朱印状を認めた（「荒尾文書」）。それによると、秀吉は、まず織田信雄領であった伊勢の北部四郡を秀吉方に渡し、今回の戦いで築城した城々は、敵の城、味方の城どちらであってもともに破却することとしている。一方、尾張では犬山《いぬやま》城（愛知県犬山市）と河田《こうだ》城（愛知県一宮市）に秀吉の軍勢を入れ、その他に新しく築城した城については、同じく敵・味方ともに破却することとしている。小牧・長久手の戦いでは、主戦場であった尾張・伊勢において、両軍により数多くの城が築城されたことが知られている。秀吉は、それらの城々を、秀吉方、信雄・家康方双方が破却するとしているのである。

この場合は、小牧・長久手の戦いの終結にともない実施されようとしていた。つまり、城破りは和睦を実現するための条件で、一種の武装解除といえよう。この事例の場合は、どちらかというと対等に近い形での和睦であったが、一方が優位に立って和睦を結ぶ場合、城破りは、降伏・恭順の意を示すために行われることもあった。先ほどの音羽城の城破りは、そうした事例の一つだろう。いずれにせよ、城破りを実行すること自体が講和の証であり、「平和」実現への第一歩になるということだったのである。

大名間国分による廃城

戦国大名の領国は、一円的・排他的・領域的なものであり、そうした点にそれ以前の時代と異なる独自性があるとされている。そのため、戦国大名間の戦争は、国境地域の争奪戦、当時の言葉でいうと「国郡境目相論《こくぐんさかいめそうろん》」として展開されることが一般的であった。一方で、戦争を終わらせるためには、大名領国の範囲を画定する必要があったことも事実である。そうした領土の画定作業・戦国大名間による領土分割協定のことを、当時、国分《くにわけ》といった。主に国を単位に実施されたことから、そのように呼ばれることが多いが、実際には郡を単位としたり、国・郡といった固定的な領域とは異なる現実的な支配領域をもとに実施されたりすることも多かった。国分は、当時の戦争と「平和」のあり方を考えるうえで注目され、数多くの研究が生み出されている。

この大名間国分に際しても、城破りが実施されることがあった。元亀三年（一五七二）閏正月、先ほどみた上杉謙信による上野石倉城攻めの前後のことである。ちょうどこの頃、駿河と伊豆の境では、武田氏と北条氏が争っていたが、前年末に和睦が成立し同盟を結ぶことになった。そこで、両者の間で国分が実施されることになったのである。

このときの武田氏と北条氏の国分は、両者が接していた上野・武蔵国境周辺とともに、駿河・伊豆国境周辺でも実施された。これにともない、それまで北条氏の持ち城であった駿河興国寺城《こうこくじ》（静岡県沼津市、図20）と平山城《ひらやま》（静岡県裾野市、図21）が武田方に引き渡さ

図20　興国寺城主郭裏の堀（静岡県沼津市）

図21　平山城主郭（静岡県裾野市）

れている（「中村不能斎採集文書九」）。北条氏の領国が武田氏に割譲される形で国分が成立したのだろう。だが、それだけで事は終わらなかった。興国寺城は武田方の城として存続することになったが、もう一つの平山城については、武田氏によって破却されているのである。

両城の位置関係を確認すると、興国寺城よりも平山城の方が北条領国との境界地帯により近い場所にある。そもそも、平山城は武田氏との対立という状況のなかで、北条氏によってこれより少し前に新規に取り立てられた城であった。北条氏と武田氏の対立関係を象徴するかのような城だったといえよう。その城が、国分に際して破却されたのである。武田氏と北条氏との同盟関係が成立したからには、対立関係の象徴であった平山城は、破却されなければならなかったのである。

このほか、大名間同盟の関係強化にともなう破却という事例もある。駿河三枚橋城《さんまいばし》（静岡県沼津市）の事例である。天正十年（一五八二）六月、織田信長が京都本能寺に倒れると、旧織田（武田）領国である甲斐・信濃を中心に天正壬午の乱と呼ばれる一大戦乱が起こった。このとき、北条氏と徳川氏は対立し、各地で戦いを繰り広げていたものの、十月に和睦し、両者は同盟関係となった。

その後、豊臣秀吉が勢力を増してくると、天正十三年に北条氏政と徳川家康が三枚橋城で会見し、秀吉への対処方針や今後の両者間の関係について話し合っている。この会見は和やかに終わったようだが、『徳川実記』によると、このときに徳川氏は北条領国との境《さかい》目《め》の城であった三枚橋城の破却を実施している。同盟関係が強化されたからには、もはやお互いの領国の境目に城は不要である、という論理である。三枚橋城の破却は、同時代史料では残念ながら確認できないが、大名間同盟の強化にともなう境目の城の破却という事態がありえるものであったと考えること自体は、問題ないだろう。

整理・統合による廃城

天正十八年（一五九〇）三月、豊臣秀吉は、小田原の北条氏攻めを開始した。世にいう小田原合戦である。秀吉の「天下統一」戦争の最終段階ともいえる戦いとして、あまりに有名な戦いであろう。

同年四月中旬に小田原城を包囲した秀吉は、順調に関東各地の北条方の城を落城ないし開城させ、七月五日には小田原城の開城も決定的となった。その後、秀吉は江戸を経由して宇都宮へと移動し、北条氏滅亡後の関東支配に関する「宇都宮仕置《うつのみやしおき》」と称される政策を実行したのち、さらに北上して会津黒川（のちの若松）へと向かっていった。

この「宇都宮仕置」において、反北条方として豊臣軍に参加していた佐竹・宇都宮・多賀谷・水谷《みずのや》氏ら関東諸領主は、秀吉に対して「足弱《あしよわ》」と呼ばれる人質を出したのだが、同時に秀吉から「入らざる城」、すなわち彼らの領内に存在する城のなかでも、今後不要な城を破却するよう命じられた（「士林證文」）。領国内の城の整理・統合を進めるための城破りの事例といえよう。

「入らざる城」の破却は、豊臣政権段階になると史料上に数多くみられるようになるが、それ以前の戦国時代からも各大名領国において、すでにある程度は実施されていたと考えられる。先ほどみた六角氏の事例もそうであるし、著名な越前朝倉氏の家訓である『朝倉英林壁書』にも、「朝倉が館の外、国内に城郭を構えさせまじく候」と記されている。これらは、いずれも理念にとどまるもので、実態はほど遠いものであったことがすでに指摘されている。しかし、たとえば北条氏の場合、史料が豊富な割には城破りに関わる史料が非常に少ないものの、北条領国でも拠点城郭の変遷や消長はみられるし、領国内の城がすべて存置されたままであったとは考えにくく、領国内の不要な城を整理・統合していた可能性が高い。そのような方向性自体は全国的に存在したといっていいだろう。

こうした整理・統合は、もちろん不要な城を廃することによって維持管理にかかる費用を抑えることも目的の一つだろうが、家臣に恭順の意を示させる、さらには大名に権力を集中させる狙いもあったようである。大名家の家臣団はそれぞれ自分の城を保有していることが多く、城の存在そのものが武士の自立性の象徴だったことはしばしばいわれることである。それを破却することは、彼らの自立性を否定することに繋がる。城破りは、大名と家臣との関係を考えるうえでも重要といえる。

維持管理困難による廃城

東京都八王子市には、北条氏の重要支城である滝山《たきやま》城や八王子《はちおうじ》城をはじめとして、多くの城跡が存在している。そのなかに、戦国時代の前半段階で廃城となったと思われる、椚田《くぬぎだ》城という山城がある。現在では、初沢《はつさわ》城と呼ばれることの方が多いだろう。JR中央線・京王線高尾駅のすぐ近くにあり、やや急な山道を歩かなくてはいけないが、駅から歩いて訪れることができる。遺構は、それほど目立ったものはないが、それでも曲輪《くるわ》や堀切《ほりきり》は認められる。築城年代は定かではないが、もともとは国衆長井氏の城だったようで、永正元年（一五〇三）に山内《やまのうち》上杉氏が攻略していることが確認される。

ところが、ほどなく椚田城をめぐる状況は変化する。永正七年六月十二日付けの関東管領山内上杉顕定の書状（「歴代古案三」）によると、伊勢宗瑞《そうずい》（北条早雲）の武蔵侵攻によって椚田城は「自落」（開城）してしまった。しかし、よく読むと単なる「自落」ではないようだ。椚田城は、以前から山内上杉方の城であったが、山内上杉氏の軍勢が「無人数」という状況であったため、抱え続けることが難しくなり事実上放棄することが決定され、実際に普請も五、六年ほど止まっていた状態だったというのである。永正元年からそう遠くない時期に、恒常的に抱えることが断念されたのだろう。それにより、城主だった者も近隣の由井《ゆい》城の方へ移ってしまい、その隙に伊勢宗瑞が乗っ取り「自落」してしまったというわけである。

　この史料をみる限り、椚田城は完全に廃城となっていたわけではなさそうだが、事実上放置され捨てられた状態となっていたといえるだろう。そして、その背景には大名の軍勢不足があったこともわかる。大名は、領国支配・防衛のために多くの城を築城していったわけだが、軍勢は限られており、それらをすべて維持管理し続けることは不可能であった。そこで、使う城と使わない城の選別を行い、その結果、椚田城は使わない城とされたのだが、使わないことにした城を完全に破却することもまた困難であった。こうして捨てられた状態で放置され、あるいは城破りすらされずに人知れず廃城となっていった城は、戦国社会のなかにそれなりに存在したのではないだろうか。

廃城の実態

城はどこまで壊されたのか?

現在、我々の身近には、膨大な数の城跡がある。その後の開発などで跡形もない城も多いが、城めぐりができるほど、各地の城には遺構が良好に残存していることは、今さらいうまでもない。それこそ、杉山《すぎやま》城などは実に見事にその遺構を残していて、今でもすぐに再利用しようと思えばできてしまうかのようなくらいである。それは、裏を返せば、ほとんどの城がきちんと壊されずに現在にまで至っているということになる。

ということは、城破《しろわ》りが行われても、実態として城はほとんど壊されていなかったことになる。実際、これまでの研究によると、城破りによって全面的な破却が行われることはなく、ほとんどは部分的な破却であったことが明らかになってきている。それでは、その具体像をみてみよう。

土塁を崩す

　文禄四年（一五九五）のことである。すでに豊臣秀吉によって「天下統一」が達成され、奥羽においても豊臣政権の支配が浸透しつつあった。そのようなときに、陸奥会津《あいづ》若松《わかまつ》城主蒲生秀行の領内の城々が、一部ではあるが破却されることになった。当時、「文禄検地」と研究者間で呼ばれる太閤検地が各地で実施されていたが、その際に蒲生氏の重臣たちが不届きなことをしたようで、その処分として城破りが命じられたのである。当時、蒲生領には二〇城存在していたが、主要な七城以外の城がその対象となった。

　このときの破却の様子について記されている史料には、「破却の城々、念を入れわり申さるべし、在々城共要害よき所は、土居をくづさせらるへき事」（「簗田文書」）とある。蒲生領にまでやってきて城破りを実施した主体である、秀吉家臣として有名な浅野長吉が記したものだが、破却対象となった城については、念を入れて破却するようにと述べている。中途半端な破却では済まされないということなのだろうか。

　注目されるのは、次の部分である。領内ところどころにある城のなかで、要害堅固な城については、土居（土塁）を崩すべきであるというのである。この部分の解釈は、やや難しい。破却の対象となった七城についてのことなのか、それとも残すことに決められた会津若松城を始めとした一三城についてのことなのか。これまでの研究では、前者で考えられているようだが、「破却の城々」と「在々城共」は、別物なのかもしれない。

そうだとすると、秀吉は残すことに決めた城に対しても破却を命じたが、具体的には、そのなかでも特に要害堅固な城については土塁を崩すよう命じた、ということになる。つまり、部分的な破却を行うということである。「わる」との関係からも、やはりそのように解釈したほうがすっきりする。

いずれにせよ、城破りの一例として、土塁を崩すという行為が行われていたことがわかる。ということは、そのほかの部分、たとえば堀や石垣や曲輪《くるわ》そのものなどについては、破却されなかった（する必要がなかった）ということになるだろうか。

建物を壊す

福井県敦賀市に、疋壇《ひきだ》城という城がある（図22）。滋賀県との県境の近く、JR北陸本線沿いに所在し、戦国時代には越前朝倉氏関係の城として機能していた。

元亀元年（一五七〇）、織田信長は越前の朝倉義景への攻撃を開始した。要衝金ヶ崎《かねがさき》城（福井県敦賀市）とともに疋壇城も陥落させ、そのまま朝倉氏の本拠である一乗谷へと攻め込もうとした矢先、当時、同盟関係にあった近江の浅井長政が突如反旗を翻した。背後に敵を抱えることになった信長は、金ヶ崎城に木下藤吉郎（のちの羽柴秀吉）を置き、命か

図22　疋壇城城跡碑（福井県敦賀市）

らがら京都へ戻っていった。このとき、金ヶ崎城で秀吉が見事な殿《しんがり》を務めたという話は有名である。

さて、その疋壇城だが、浅井氏に裏切られる前に、信長が滝川彦右衛門と山田左衛門尉の二人を派遣して、塀と矢蔵《やぐら》（櫓）を解体して破却している（『信長公記』）。ここで注目されることは、塀・矢蔵を破却したということである。今回の場合、土塁・堀などについては、破却したとは記されていない。つまり、城の作事の部分のみを破却し、土塁・堀など城の基本的な構成要素についてはそのままにしたと考えられるのである。そのような破却のやり方もあったことになる。

建物を壊すという事例は、ほかにもあ

る。天正十八年（一五九〇）の小田原合戦時、豊臣軍は北条領国であった上総にも侵攻し、諸城を次々と攻略していった。その戦後処理として、秀吉は「破却の城の儀は塀をおろし、城中家さへこれなく候へば、あい済む事に候間、破りにおよばず候、手間を入れる間敷候事」（「難波創業録」）と命じている。上総でも諸城の破却が進められたが、塀を下して、城中から家をなくせば済むことなので、「破り」には及ばない、手間を入れてはならない、としている。ここで注目すべきは、塀と家が直接的な破却の対象となっている点である。この場合も、建物の破却に重点が置かれていたことは、明らかである。

また、その直後の「破りに及ばず」という表現も重要である。明らかに、塀・家の破却とは別次元の破却を意味している。「破却」は、城を破却することそのものであるが、さまざまなレベルの破却があった。そのなかでも「破り」というのは、少なくとも秀吉の認識では、建物の破壊にとどまらない、土塁や堀などの土木構築物の破却をも含めた概念であり、手間暇がかかるものだったようである。

先ほどみた蒲生領の城破りの史料でも、念を入れて「わる」べし、とあった。ということは、蒲生領でも、やはり中途半端な破却ではなく、ある程度しっかりした破却が実施された可能性が高い。

今回の上総諸城の破却の場合は、そうした徹底した破却を目指したものとは異なる。あくまで建物のみを破却することによって、その城の機能が停止し廃城となったことを示し、さらには豊臣政権による新たな支配の到来を視覚的にみせつけようしたものと考えられよう。

竹木を切り取る、城を焼く

城内に竹木《ちくぼく》がある程度生えていたことは先述したとおりだが、城破り論との関係から注目されるのは、その竹木を切り取るという行為である。

これについては、中澤克昭氏の研究に大変詳しい（中澤一九九九）。中澤氏が挙げている大和の古市《ふるいち》城の事例をみてみよう。

明応六年（一四九七）、大和の古市澄胤《すみたね》は、同じ国内の有力領主筒井順盛と戦うものの、敗北を喫してしまった。そして十月六日、澄胤は居城である古市城（奈良県奈良市）に自ら放火し、没落してしまうが、同じ日に古市城にあった竹木を奈良の国中の衆が集まって切り取り、広野にしてしまったというのである（『明応六年記』『大乗院日記目録』）。ここから、明らかに当時の城内に竹木が相当数生えていたこと、それを切り取るという行為が行われていたことがわかる。これは、単に邪魔だから切るというレベルのものではなく、竹木が城主の繁栄のシンボルとみなされていたために行われた一種の刑罰であり、それにより城主と城との精神的な繋がりを絶つことを目的にしていたと考えられている。

竹木を切り取るという行為とともに注目されているのが、城を焼き払うという行為である。焼き払いというと、敵方からの放火による攻撃と思われるかもしれないが、ここで取り上げるものは、城主自ら城を焼き払うという行為である。具体的にいうと、「自焼没落《じしょうぼつらく》」という行為であり、研究史上において著名なものである。

「自焼没落」とは、自分の居場所に自ら放火をして、その場所から別の場所へ退散する行為である。中世を通じて広くみられるものであるが、降伏の意思を示すもの、あるいはむしろ容易に屈さず反抗を続けることの意思表示であるとされている。すでに中澤氏が指摘しているが、放火と竹木伐採はセットで登場することが多く、古市城のように、竹木が伐り払われる前に城主が自ら城に放火している。

こうした竹木の切り取り、城を焼くという行為は、ほかの地域・時期でもみられる。たとえば、天正十九年（一五九一）に奥羽再仕置を進めていた石田三成は、某城を破却するに際して、城内の「立木・壁」を払い取っている（「伊達家文書」）。やはり、城内に竹木がある程度生えていた様子がうかがわれると同時に、豊臣期においても城の機能を停止し廃城とする方法として、壁（城壁・塀）の撤去とともに立木（竹木）の切り取りがあったことがわかる。この場合は、城内の建物を伊達氏の新本拠である岩出山《いわでやま》城（宮城県大崎市）に移すことも目的となっているため、移動する際に邪魔になる竹木を切り取ったという現実的な意味もあるかもしれない。

天正十四年に伊達政宗が畠山氏の居城二本松城《にほんまつ》（福島県二本松市）を掌握した際には、城の中心部である「実城《みじょう》」が畠山氏によって放火されている（『引証記』二）。この場合は、城の全域ではなく、中核部の「実城」のみを焼き、そのほかの曲輪や家はそのままとなっていた。「実城」のみ放火することによって、降参した証にしたということだと考えられる。二本松城は、このあとも拠点城郭として存続しているため、これで廃城となったわけではないが、儀式的にはいったん廃城となったということなのだろう。これも、広い意味での城破りと考えて良いだろう。

儀式としての「城割」

城破りは、武田氏関係史料である『甲陽日記』では「城割《しろわり》」と表記されている。単に字が異なっているだけにもみえるが、この「城割」は普通の城破りとは異なる行為だったようである。

武田氏の築城を検討するなかで、このことに注目した福原圭一氏によると、「城割」と「鍬立《くわだて》」はセットで登場し、「城割」は旧城主と城の関係を断ち切り、「鍬立」は土地に生命を付与する宗教行為であり、「破却」や「普請《ふしん》」とは異なるものであるという。そしてそれは、農耕始めの儀式と同じ思想に基づく行為であり、武田氏が築城儀礼を行うにあたって、こうした在地慣行を取り入れた可能性を指摘している。さらに興味深いのは、それにより実際に築城や改修が行われたのではないとする点である。あくまで宗教行為なのであって、物理的な破却行為をともなわず、城の縄張《なわばり》自体を大きく改変するようなものではないということである（福原一九九三）。

あくまで『甲陽日記』に登場する「城割」の実態だが、ほかの史料にみられる城破り行為のなかにも、物理的な破却行為をほとんどともなわない儀式的なものもあった可能性は十分あるだろう。そのようにして廃城を迎えた城も、案外たくさんあるのではないだろうか。

発掘調査からみた城破り

文献史料を使って城破りの様子を確認してきたが、なかなか史料はその実態を詳しく語ってくれない。そこで、発掘調査の成果の力を借りることにしよう。発掘調査からは、より具体的な破却の様子を知ることができる。

戦国時代の史料には、堀を埋める、虎口《こぐち》を破却するという行為は、ほとんど登場しない。ところが、発掘調査では、城破りによって人為的に埋められた堀や壊された虎口を検出することが非常に多い。城破りの基本パターンとして、堀を埋める、虎口を破却するという行為があったことは確実である。

根城《ねじょう》（青森県八戸市）の調査事例をみてみよう。根城は、南部氏の一族八戸南部氏の居城で、調査・保存・整備が進められ、日本一〇〇名城にも選定されている城である。この

図23　猪久保城東区全景（福島県小野町）

根城の本丸の発掘調査では、一六世紀後半に虎口が徹底的に壊されたうえに盛り土で覆われ、さらに堀の一部が埋められていたことが判明した。本丸に続く中館と東善寺館の堀の一部も埋められており、堀の痕跡すらみえにくい部分もあったという。いずれも、城としての機能を低下させる行為であり、象徴的な意味だけでなく要害性そのものを除去する狙いがあったものと思われる。

城破りの事例として、しばしば取り上げられるのが、猪久保《ししくぼ》城（福島県田村市、図23）である。文献史料には登場しない城だが、発掘調査の結果、一三九〇年代〜一四四〇年代に限定される城跡であることが判明し、南北朝・室町時代の城の調査事例として貴重なものとなっている。

この猪久保城は、一四四〇年代に中心部のみ焼き払われたようで、陶磁器や金属製品が少ないことから、それらが持ち出されたあとに焼き払われ火事場整理されたと考えられる。その後、「かわらけ」を使った城破りに関わる何らかの儀式を行い、さらに主殿があった曲輪全体を、土塁を削った土で丁寧に埋めていることが判明した。まさに、城をまるごと封印するかのようなやり方である。このような形の城破りもあったことがわかる。

杉山城と城破り

杉山城の発掘調査でも、城破りの痕跡と思われるものが出てきている。発掘調査は、二〇〇二年に始まり、五回にわたって調査が行われている。

現在の城跡の表面観察ではわからなかったのだが、主郭の東虎口を発掘したところ、石積みが発見された。主郭東虎口は、石積みで固められた虎口だったことになる。関東の城は土作りの城で、石垣はほとんどないとよくいわれる。こうしたイメージは、以前よりは事例も増えたため、今では珍しいものではなくなってきたが、それでも基本的には石積み・石垣を持つ城は相対的に少ないことには変わりない。そのため、それが出てきたこと自体話題になるような重要な成果であった。

しかし、本書で注目すべき点は別にある。この主郭東虎口の石積みが、人為的・意図的に壊されていることが判明したのである（図24）。発掘調査の成果によると、杉山城は廃

図24　杉山城の破却された虎口・石積み（埼玉県嵐山町）

城となる直前に、主郭内で火災が生じたようで、火を受けた遺物・遺構が出土している。火災後、ほどなく曲輪内で後片付けが行われ整地されたが、その際に石積み、およびその周辺の若干の土塁を意図的に壊して、最終的に廃城となったというのである。

杉山城は、現在でも見事なまでに遺構が残っており、徹底的に破却された城ではないことは、誰の目にみても明らかである。杉山城の城破りは、象徴的な虎口の石積みを壊すという行為によって行われたことになる。だからこそ、あれだけの遺構が現在でも残っているのである。

城破りの特徴

城破りの実態はさまざまであったことをみてきたが、そのなかでも特に大事なこととして、その多くは部分的な破却のみであったということである。ある城をまるごと跡形もなく破却してしまうのであれば、そもそも現在まで城跡として残っていないだろう。相当数の城跡が現在にまで残っているということからしても、大半の破却は部分的であったことは間違いない。この城は破却されたのだということが、視覚的に周囲にアピールできる程度に破却されていれば良かったのである。

そして、破却する場所については、外からよくみえる部分に集中している。城は外部からの視線、外面を意識した構築物である。そのため、外からみえる部分、その城を象徴するような部分を破却することが一般的だった。よく破却される部分は、外からもみえる建造物や出入り口である虎口、石垣の隅角《ぐうかく》部分、堀だったといえる。

逆に、外からみえない部分、みえにくい部分には、破却の手が及ぶことは少なかった。そもそも、それらすべてを破却するには多大な労力と費用が必要なはずなので、そこまで手間をかけられないという現実問題もあると思う。ただ、それ以上に重要なのは、「壊しましたよ」とアピールできれば、それで良かったということである。それさえできれば、あとはそのまま残っていても、特に問題ではなかったことになる。

その一方で、ときには徹底的に破却されることもあったようである。その典型例が原城《はら》であろう。少なくとも本丸周辺に関しては、徹底的に破却されており、まるごと埋められていたこともわかっている。事例としては少ないものの、後述する事例でもこのような徹底的な破却と思われるものがある。

城の壊され方や破却の実態から、権力の城郭統制政策とそれを通じた支配のあり方や、城の重要度・機能、地域社会における位置、当時の人々の心性や城郭観、さらには戦国時代なりの「平和」のあり方などを解明できる点に、城破り論の魅力がある。

片付けられる城、片付けられない城

廃城を考えるうえで、城破り論ではあまり触れられてない問題もいくつか存在する。本節の冒頭でも少し言及したが、陣城《じんじろ》など一時的な城ならともかく、拠点的な城であっても、ほとんど遺物が出土しない城がままあることが、発掘調査によって判明している点である。

小田原合戦の引き金となった名胡桃《なぐるみ》城事件の舞台、上野名胡桃城（群馬県みなかみ町）は、事件のときに北条軍により焼き討ちにあい落城したとされている。しかし、発掘調査の結果、遺物はほとんど出土せず、火災の痕跡も若干確認されたのみで、とても落城したとは思えない状態であったことが判明したのである。文献史料が語るものと発掘調査成果にズレが起きたことになる。遺物が出土しないということは、もともとあったはずの遺物が何らかの意図で持ち出され片付けられていたということになる。こうしたことから、名胡桃城では戦いはなく、平和裏に開城された可能性があることも指摘されるようになって

図25　八王子城御主殿（東京都八王子市）

いる。

同じ群馬県域だと、後閑《ごかん》氏の居城後閑城（群馬県安中市）も、ほぼ全域におよぶ六万五〇〇〇平方メートルが発掘されたものの、出土遺物は一点もなかったという。やはり、もともとあった遺物が廃城前後に片付けられ持ち出された可能性が高い。

廃城にともなう片付けについては、史料からもうかがうことができる。たとえば、小牧・長久手の戦い後、廃城となることが決定した尾張楽田《がくでん》城（愛知県犬山市）の諸道具は犬山《いぬやま》城へ移されているし（「中村円一郎氏所蔵文書」）、天正十三年（一五八五）の四国国分により伊予国の三ヶ所の城を毛利氏が破却した際、「破却にあい澄まし、道具以下、当城へ取り越すべく候」（「小早川家文書」）とあり、破却・廃城に際して城内の物資が別の城へ移動されている。そうなると、遺物が残る可能性は低くなるだろう。

逆に、小田原合戦時の激戦地である伊豆山中《やまなか》城や武蔵八王子《はちおうじ》城のように、落城時の姿そのままに廃城となり、大量の遺物が出土する場合もある（図25）。この場合は、ほとんど片付けられることなく、手つかずのまま廃城となったと考えられる。

いずれにせよ、遺物が出る城と出ない城とでは、廃城のあり方が異なることが予想される。城を調査する際には、どのようにして廃城となったのかについて丁寧に考える必要がありそうだ。

廃城のその後

城破りが行われたか否かにかかわらず、城もいつかは廃城を迎える。問題は、その先にある。廃城となったその城は、二度と使われなかったのだろうか。

実は、これまでの城破り論では、破却後の状況についてまで考察が及ぶことはあまりなかった。それは、考えてみれば当然で、城の生命の終わり方、いわば「城の一生」の最後の部分を解明するための作業であり、そのため主に破却の実態や作法に関心が集中していたからである。だから、破却後のことについては、考察の対象外になってしまうのである。

これは、問題設定からして仕方のないことであろう。

しかし、城破りの実態は、先ほどまでみてきたように、その大半は部分的な破却にとどまっていた。それどころか、単なる儀式にすぎず、破却らしい破却を行っていないと想定される場合もあった。ということは、裏を返せば、少しばかり修復を加えれば、まだまだ十分に使用可能な状態だったということになる。そうだとすると、戦国時代の人々は、再利用を想定して城破りを行っていたとすらいえるのではないだろうか。

実際、島原・天草一揆では、廃城後「古城」となっていた原城が一揆勢に再利用されていたわけである。原城は、石垣や堀はもちろん、建物すら残されていたのではないかと指摘されている（服部他二〇〇八）。軍記物ではあるが、一揆に関する記録として著名な『山田右衛門作以言語記』には、当時の原城は「城守ナクシテ、今ハハヤ荊棘ノハラノジヤウトナリヌ」という状態だったが、一方で「ヨウガイチツトモムカシニタガハズ」とあることは興味深い。

これまでの城破り論では、こうした点についてまったく言及していなかったのかというと、そうでもない。城破り論をリードしてきた伊藤正義氏は、部分的な破却こそが城破りの実態だったとしたうえで、「補修すればただちに山城の機能を回復することができたと見られます」とも述べている（伊藤二〇〇一）。ただ、この再利用できるという点は、その後の研究では深められていない。

そこで次に、廃城となった城、すなわち「古城」というものに注目してみたい。「古城」の実態を探ることで、はじめて「城の一生」に迫ることができると考えるからである。「城の一生」は、まだ終わらない。

「古　城」

「古城」を訪ねて

深大寺城を歩く

東京都調布市に、奈良時代に創建された、都内でも最古級の寺院である深大《じんだい》寺がある。ＪＲ中央線三鷹駅や京王線調布駅からバスで二〇分ほどの距離で、ちょうど調布市の真ん中に位置している。深大寺の周辺は古くからの門前町として有名だが、最近では深大寺蕎麦や「ゲゲゲの鬼太郎」にちなんだ鬼太郎茶屋が人気で、観光客でごった返している。すぐ近くには広大な都立神代《じんだい》植物公園もあり、都心からほど近いものの、とても自然豊かな場所となっている。その深大寺の向かいの丘の上、神代植物公園に付属する水生植物園の一角に、深大寺城はある（図26）。

城跡は、もともとは都指定旧跡であったが、二〇〇七年に国の史跡となった。現在は、第一郭（主郭）と第二郭が史跡公園として整備されており、気軽に見学できるようになっ

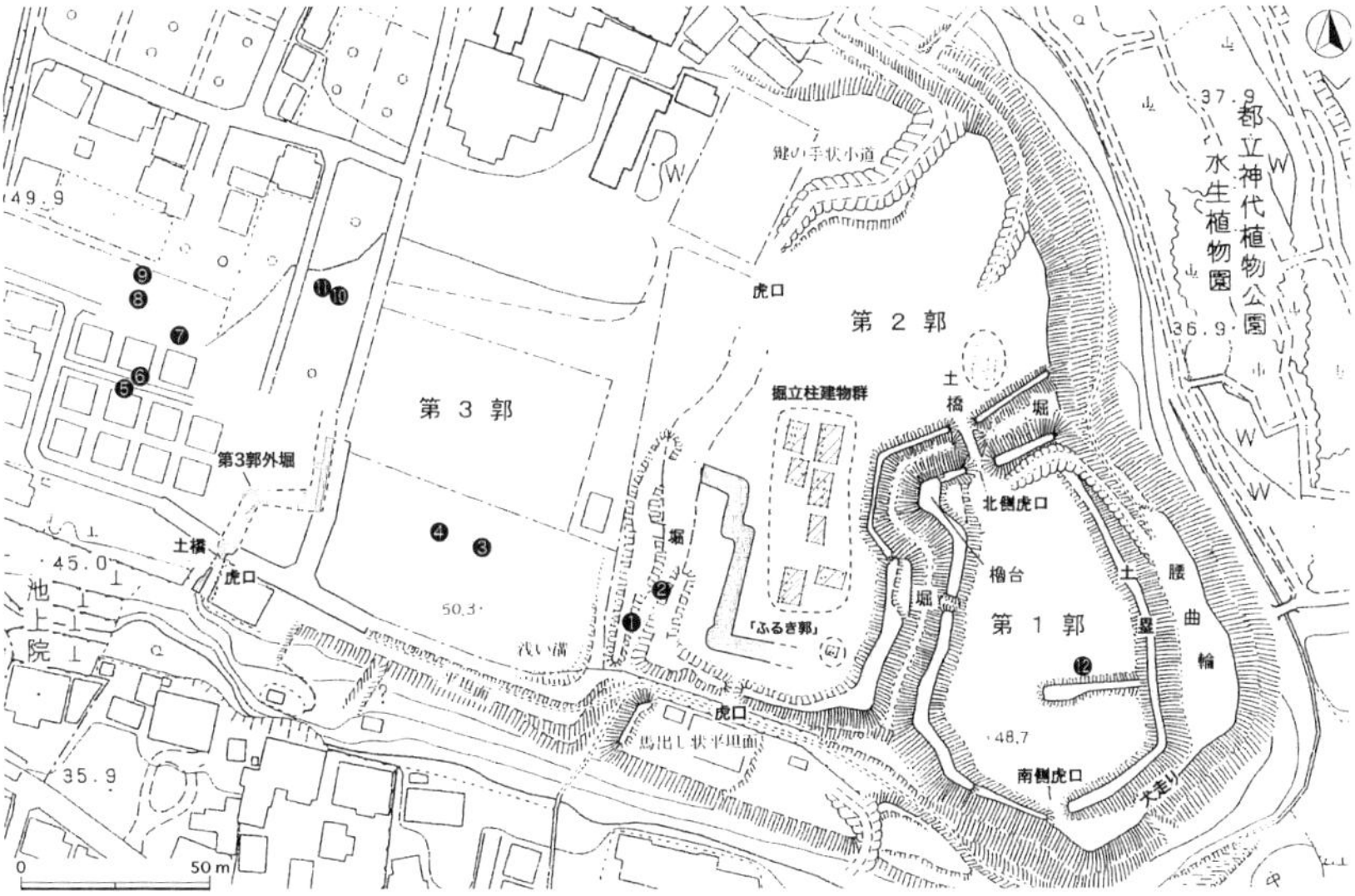

図26　深大寺城縄張図（『調布市埋蔵文化財調査報告』3，調布市教育委員会，2008年より）

図27　深大寺城第二郭（東京都調布市）

ている。

第一郭は、自然の景観を残したまま整備されており、武蔵野の雰囲気を感じることができる。周囲を土塁で囲み、北側の堀に土橋をかけて虎口《こぐち》としているが、その脇に櫓台《やぐらだい》を設けて虎口を監視する形となっている。東・南側斜面には腰曲輪《こしぐるわ》がめぐらされ、直下に野川が流れている。第一郭と第二郭の間には空堀《からぼり》が残っており、一部は公園化にともなう発掘調査に基づいて復元されている。第二郭は、木々が伐採され芝生が広がる公園となっており、一角に発掘調査で検出された建物跡が展示されている（図27）。土塁上からは、広々とした城域全体を見渡すことができ、第二郭と第三郭との間の堀も一部復元されている。第三郭は、住宅地やテニスコートになっており、残念ながら遺構をみることはできない。

この城は、江戸城を築城した太田道灌の主家として知られている扇谷《おうぎがやつ》上杉氏の城として古くから有名であった。詳しくは後述するが、江戸時代に編纂された軍記物から、天文六年（一五三七）七月に、河越城《かわごえ》（埼玉県川越市）の城主扇谷上杉朝定《ともさだ》によって築城された城であることがわかっている。当時、小田原方面から北条氏が進出を繰り返し、扇谷上杉氏を圧迫している最中であった。それを食い止めるための拠点として、深大寺城は築城されたことになる。

しかし、北条氏は深大寺城を相手にせず、別ルートで一気に河越城へと攻めかかり、攻略してしまった。そのため、深大寺城はほとんど使われず、ほどなく廃城となったと考えられている。実際、その後の北条氏関係史料に深大寺城は登場しない。よって、現存遺構は、この天文六年段階につくられたものとみて、基本的には問題なかろう。

そんな深大寺城だが、史料には具体的にどのように登場するのだろうか。

「古城」を「再興」する

深大寺城は、複数の軍記物に登場するのだが、そのうちの一つ、戦国大名北条氏五代が主役の軍記物『北条五代記』の該当部分をみてみよう。

天文六年卯月下旬世をはやくさりて、嫡男五郎朝定、生年十三歳にして家をつぎ給ひぬ。ていれば、七々日の服忌さへ経ずして、道をあらためて兵をおこし、深大寺と云古城をさいこうし、氏綱へ向て弓矢の企もつぱら也。（『北条五代記』）

ここには、父朝興《ともおき》の死により、一三歳にして家督を継承した扇谷上杉朝定が、天文六年に「深大寺」という「古城」を「さいこう《（再興）》」して、北条氏綱に向かって攻撃を仕掛けようとしていた、ということが記されている。実際、当時の文書にも「河越衆神太寺へ陣を寄せ候由、この方へも申し来たり候」（「紀伊国古文書藩中古文書十二」）と出てくることから、天文六年に存在したことは間違いない。

ここから、深大寺城は当時、「古城」となっていて、現役の城ではなかったことがわかる。しかも、そんな深大寺「古城」を「再興」、つまり再利用したこともわかるのである。はたして、本当に「古城」を「再興」して再利用したのだろうか。根拠である『北条五代記』などは、あくまで江戸時代の編纂物である。歴史学研究の根拠としては、やや弱いといわざるをえない。

しかし、発掘調査をしたところ、実に興味深い事実が判明した。第二郭の下から、古い段階の堀が発見されたのである。規模は現存する堀に比べ小規模ではあるものの、直線的で折れがみられるものである。横矢《よこや》を意識した構造だろうか。この堀は、現存遺構の第二郭と第三郭との間の堀につながっており、現存遺構がつくられたときに破壊されたようだ。

こうしたことから、深大寺城は少なくとも二時期存在しており、古い段階の縄張《なわばり》の一部を利用し一部を改変して現存遺構がつくられたことが明らかになった。

問題は、この出土した古い段階の堀の評価である。当然ながら、先述した軍記物の記述から、これこそが「古城」段階の堀なのではないか、と考えられるようになった。そう考えて問題なかろう。軍記物ではあるものの、文献史料の内容と発掘調査の成果が合致したことになり、城郭研究において非常に貴重な事例となったのである。

ただ、古い段階の堀の具体的な年代観までは、遺物の少なさなどにより残念ながら解明することができなかった。深大寺「古城」は、いつ頃の城なのか、近年まで結局不明な状態が続いていたのである。

「古城」段階の深大寺城

ところが、関東の戦国時代前半の史料、扇谷上杉氏関係の史料をよく見直してみたところ、深大寺城のことを示すと思われる記述がある史料が見出された。某年九月十五日付けで、当時、武蔵河越城主の扇谷上杉定正が、相模の武士である篠窪三郎左衛門尉に宛てた書状である（「青木文書」）。残念ながら、はっきりとした年代までは確定できないが、少なくとも延徳二年（一四九〇）前後の史料であることは押さえられる。この頃、扇谷上杉氏は山内《やまのうち》上杉氏と激しく対立しており、関東各地で合戦を繰り広げていた。

その文書を読むと、二日前に起きた小沢河原（多摩川の河原。東京都調布市）での合戦で、篠窪三郎左衛門尉をはじめとした「深大寺」にいた扇谷上杉方の軍勢が活躍したことに、定正が満足の意を表していることがわかる。おそらく、山内上杉氏方の軍勢と戦ったのであろう。

この「深大寺」は、状況からして、東京都調布市深大寺とみて間違いない。さらに、軍勢がいるような場所であることから、この「深大寺」は城であると考えて良いだろう。つまり、この史料から、深大寺城が一五世紀末には扇谷上杉氏の城として築城され機能していたことが判明するのである。そして、これこそが「古城」段階の深大寺城そのものだと考えられる。発掘調査で出土した堀も、この段階のものと考えて問題なかろう。

さらに、「古城」段階の深大寺城の役割もうかがうことができる。当時、扇谷上杉氏は山内上杉氏と戦っていた。深大寺城にいた扇谷上杉軍は、山内上杉軍と深大寺城の南に位置する多摩川の小沢河原で合戦していた。ここから、深大寺城は、南から多摩川を渡って来る敵に対して築かれた城であることがわかる。どうやら、当時、城の近くを通り河越方面へと向かう街道が通っていたようである。この道は、南下すると多摩川を渡り、相模方面へと続いていく。深大寺城は、こうした南北交通を押さえる城でもあった。

この「古城」段階の深大寺城と、「再興」された天文六年（一五三七）段階の深大寺城の役割は、基本的に同じといえる。天文六年段階も、河越城の扇谷上杉氏が、相模方面から多摩川を越えて進出してくる北条氏に対抗して「再興」したものだった。やはり、深大寺城は南を意識した城だったのである。

明らかになった深大寺城の歴史

以上のことから、深大寺城の歴史を復元すると、次のようになる。延徳二年（一四九〇）頃には、すでに深大寺城は扇谷上杉氏の城として築城され機能していた。その後、詳細は不明ながらほどなく廃城となったようで、「古城」として地域社会のなかに存在していた。ところが、天文六年（一五三七）になって北条氏の進出に対抗するため、扇谷上杉朝定が「古城」だった深大寺城を「再興」し、再利用することになった。再び歴史の表舞台に登場した深大寺城だったが、結局、戦いの場にはならず、そのまま再び廃城、「古城」となり、以後は再利用されることなく、現代にまで至っている。このようなものなのではないだろうか。

深大寺城が期待された役割は、「古城」段階、「再興」段階ともに同じであった。だが、その間は使用されることなく廃城、「古城」となっていた。この地域の中心地は、中世を通じて近隣の武蔵府中だった。府中はたびたび軍勢の集結地・合戦場となっていたことで知られるが、府中を経由する南北ルートとは異なる南北ルートの必要性が高まったとき、深大寺城は築かれたのではないだろうか。そのため、深大寺城は二四時間三六五日、常に

図28　大野田城遠景（長野県大町市）

維持管理されていた城ではなかったことになる。天文六年の政治・軍事情勢のなかで、必要性が高まったことにより、深大寺城は「再興」されたのである。

晩秋の大野田城へ

長野県には、最近まで美麻《みあさ》村という村があった。大町市と長野市の間に位置しており、今は合併され大町市美麻となっている。非常に山深いところで、鉄道も通っておらず、今では人口も少ないが、江戸時代には大町街道と呼ばれる主要道が通り、それなりに栄えていたところのようだ。

この旧美麻村地区にも、いくつか中世城館跡があるが、そのなかの一つに大野《おおの》田《だ》城という城がある（図28・29）。旧美

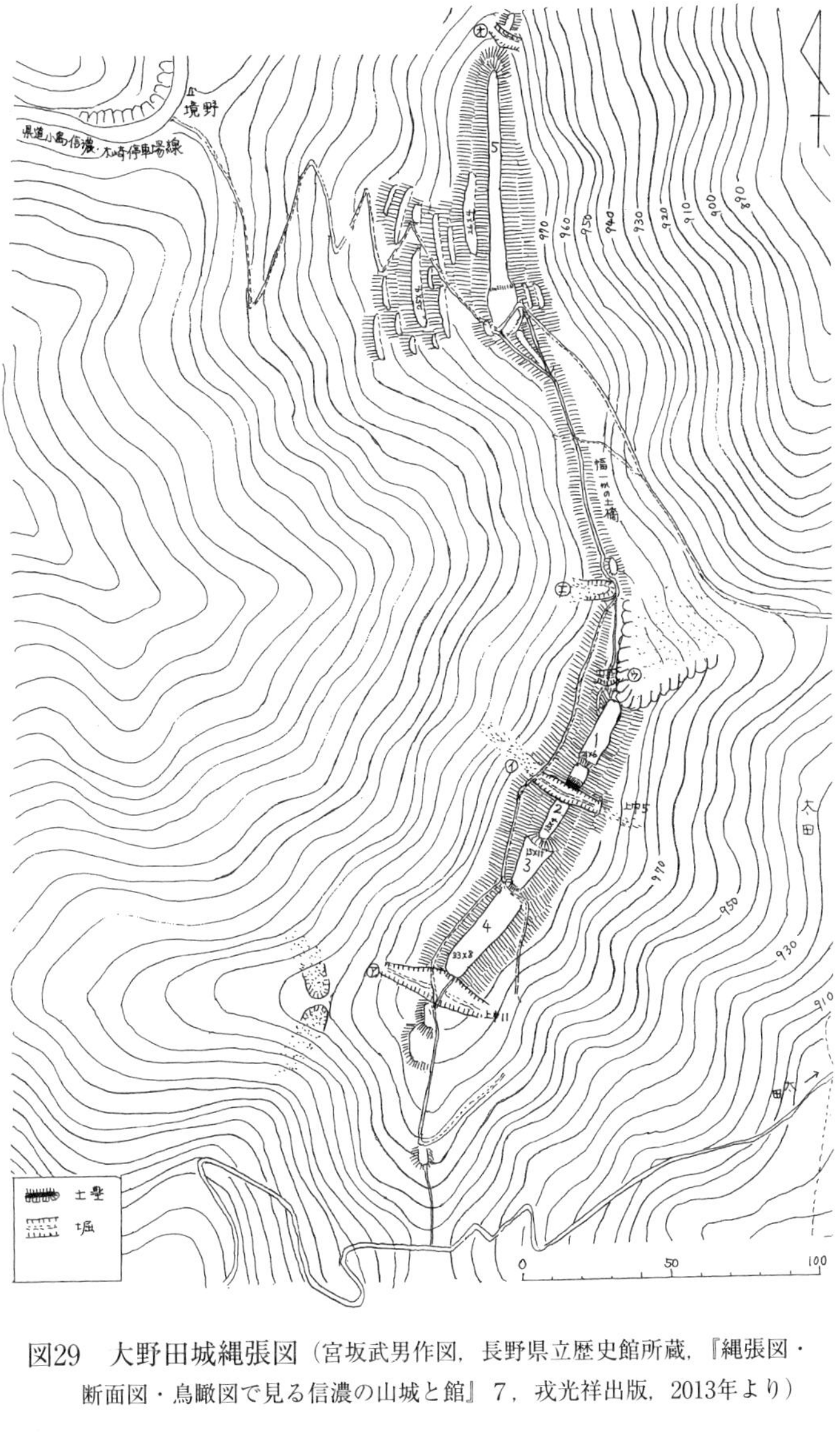

図29　大野田城縄張図（宮坂武男作図，長野県立歴史館所蔵，『縄張図・断面図・鳥瞰図で見る信濃の山城と館』７，戎光祥出版，2013年より）

麻村大塩大野田に位置する山城で、この地域のなかでは比較的大きい城である。だが、まったくといっていいほど知られていない城でもある。それもそのはずで、ここを訪れるには車が必須であるうえに、大町市の中心部からもかなりの距離がある。周囲の地形は険しく、登り口もきわめてわかりにくい。登り口に面する車道は、主要道から外れた山道で、対向車とすれ違うこともできないほど狭い。おそらく、冬は雪で凍結して訪れることは不可能だろう。

二〇一三年十一月、紅葉が美しい季節に、筆者はこの大野田城を訪れる機会を得た。同行していただいた方々とともに車で山道を走り、登り口の脇にわずかに駐車可能なスペースがあったのでそこに駐車し、藪をかき分けつつ、つづら折りの道を登っていった。熊が出る恐れも十分あったため、熊鈴を付けながら登った。山城踏査は、ときに命懸けである。登っていくこと約一五分で、大野田城の北遺構群に到達した。

大野田城を歩く

北遺構群は、多くの曲輪・平場と竪堀《たてぼり》が存在し、北端には堀切《ほりきり》が残る。堀切は遺構と考えて良さそうだったが、無数の曲輪については、後世のものも含まれているかもしれない。あるいは畑の跡だろうか。竪堀も、自然崩落かどうか判断が難しかった。

大野田城の中心部は、南遺構群である。南遺構群へ向かうには、北遺構群から尾根上を歩いて向かうのだが、途中幅一メートルほどで両側が急崖となっている土橋状の通路を通ることになる。途中には道が屈曲している箇所があり、土塁状の土盛も存在する難所となっている。そのまま道なりに南へ向かうと南遺構群に入る。ここに入ると、山城らしい雰囲気が感じられるようになる。

南遺構群には、きれいに削平された城内最大の曲輪があり、それを中心に尾根上にいくつかの曲輪と土塁・堀切・竪堀を配している。整った良くできた城かといわれると、そこまでではないが、明らかに山城とわかる遺構が広がっている。規模も決して小さくない。

さらに南に向かうと急な坂道となり、山道が通る峠に出る。そこにはいくつかの石塔・墓石があり、小規模な墓地となっていた。昭和の銘を持つ墓もあった。城の東側には、かつて大野田の集落があったというから、おそらくその墓地と思われる。このような山深いところにかつて集落があったということに、素直に驚きを禁じ得なかった。

こうした立地条件もあってか、大野田城は近年までほとんど知られていない城であった。城郭研究のバイブルである『日本城郭大系』や、中世城館跡の悉皆《しっかい》調査報告書である『長野県の中世城館跡』で取り上げられてはいるものの、このあたりの領主仁科《にしな》氏の家臣とされる手塚氏の城、という地元の伝承が記述されるのみであった。しかも、『長野県の中世城館跡』に至っては、その所在地を間違えている。所在地すら正確に把握されていないほど、無名の城だったのである。

そんな大野田城だったが、近年状況が大きく変わってきた。宮坂武男氏や三島正之氏により縄張図が作成され、その歴史の検討が行われ始めたのである（宮坂二〇一三、三島二〇一〇）。ようやく大野田城は日の目をみるようになってきたのである。

大野田城と仁科氏

ところで、大野田城は文献史料に登場しないのだろうか。実は二点も史料が残っているのである。今でこそ無名の城ではあるが、二点も史料が残っているということは、当時はそれなりに重要な役割を果たしていた城であったに違いない。この二点の史料から、その歴史を解明してみよう。

一点目は、天文二十二年（一五五三）十二月二十八日に、現在の大町市周辺を支配していた北信濃の国衆《くにしゅう》仁科氏が、大町の有力町人と思われる大町年寄衆に対して出した判物《はんもつ》である（「栗林家文書」）。この史料からは、仁科氏が大町年寄衆に対し、「大の田さいしやう」によって、現大町市の丹生子《にうのみ》と大町における関銭《せきせん》・津料の徴収免除を認めていることがわかる。関銭・津料とは交通にともなう税金であるから、仁科氏の交通・流通支配の一端がうかがわれる史料である。

本書で注目すべきは、「大の田さいしやう」の部分である。これは、「大野田在城」と考えて間違いない。仁科氏の支配領域のなかで大野田という地名・城がある場所は、旧美麻村の大野田しかない。ここから、天文二十二年十二月段階で、大野田城は仁科氏の城として存在していたことが明らかとなる。

当時、仁科氏の当主は仁科盛康であったが、彼はこの史料が出される同年閏正月二十四日に武田氏に出仕し従属したばかりであった。仁科氏が本拠を置く大町周辺は、越後の上杉謙信が支配する領域に近接しており、武田氏にとって非常に重要な地域となっていた。そうした状況のなかで、仁科氏は武田氏との関係から軍勢を大野田城に在城させていたものと思われる。

では、大野田城は当時、どのような役割・機能を果たしていたのだろうか。天文二十二年に起きた出来事といえば、かの有名な第一次川中島の戦いである。同年九月一日に武田・上杉両軍はぶつかり、緒戦に勝利した長尾軍は、筑摩郡の麻績《おみ》・青柳方面から松本市方面まで進出した。しかし、それ以上深入りすることはなく、二十日に撤退を開始したことにより、第一次川中島の戦いは終了した。そして、同二十四年四月に両者は再度川中島で激突する（第二次川中島の戦い）。

よって、この史料が出された時期というのは、第一次川中島の戦いが終結し、一時沈静化した時期ということになる。大野田城は、大町方面と川中島方面の間に位置している。そうした地理的な位置もあって、第一次川中島の戦い前後の情勢に対応して、仁科氏の軍勢が大野田城に在城したものと考えられよう。

大野田城の「再興」

その後、大野田城は史料上から姿を消すが、某年三月七日付けの上杉景勝書状写（「上杉定勝古案集」）に再度登場する。年号が記されていないが、内容から天正十一年（一五八三）に比定される。宛所は、当時牧之島城《まきのしま》（長野県長野市）に在城していた芋川親正《いもかわちかまさ》である。この史料からは、親正が景勝に対して「絵図・条目」を提出し、それに基づいて「大野田の地」を「再興」することが決定されたこと、すぐに築城することが肝要であるとしていること、警固衆として嶋津左京亮《さきょうのすけ》を派遣すること、左京亮は若輩者でその地域のことをよく理解していないので親正が協力するようにと命じていること、などが読み取れる。

ここに登場する「大野田」も、状況からして大野田城のことを指すとみて間違いない。当時、景勝は親正を大町方面へ出陣させようとしていたことがわかっている。牧之島城から大町方面へ向かうには、まさに旧美麻村域を通ることになる。その途中に位置する大野田城を「再興」し、大町方面へ進出するための橋頭堡《きょうとうほ》にしようとしていたと考えられる。

大野田城は先ほどの史料から三〇年のときを経て、再び歴史の表舞台に登場したのである。

ここで注目したいのが、「再興」という言葉である。先ほどみた深大寺城の場合と同様、「再興」というからには、それまで大野田城は使われていなかったことを示唆する。つまり、廃城となり「古城」となっていたと想定され、それを上杉軍は再利用しようとしていたのである。いつ「古城」となったのかはわからないが、おそらく天文二十二年からそう遠くない時期に役割を終えていたのではなかろうか。

大野田城の性格

そのように考えると、大野田城は地域支配の拠点城郭ではなく、その都度使われる臨時的な城だったと考えられるのである。実際、大野田城はきわめて山深く険しい場所にある。城内を通る山道によって大町方面と長野市方面をつないでいるものの、当時の主要道としての機能はなかったものと思われる。むしろ、平地を通り、江戸時代にも主要道だった大町街道の方が、戦国時代においても主要道だったと思われる。

そのためか、大町街道沿いには、千見城《せんみ》（長野県大町市）というこの地域の拠点城郭がある。千見城は、ちょうどこの頃、上杉氏と小笠原氏の境目《さかいめ》に位置し、争奪戦が繰り返されていたことで知られる。そうなると、大野田城を通る山道は、いわばサブルートであったと考えられる。そのときどきの政治・軍事情勢に応じて、そのサブルートの重要性が高まったときに大野田城は使用されていたというのが実態なのだろう。この点で、深大寺城と似た性格といえるかもしれない。

深大寺城と大野田城は、一度廃城、「古城」となったのち、再利用されていたことを確認した。「城の一生」を一度は終えたはずの両城だが、それで永遠に終わりを迎えたのではなかった。両城とも、数十年のときを経て復活したのであった。戦国時代において、城は再利用されるものだったことになる。

史料に現れた「古城」

「古地」「古要害」

史料上に登場する「古城」のなかには、単に「古い城」という意味で「古城」と表現されているものもあるのかもしれないし、「古城」と表現されていたとしても、実際には何らかの形で機能し続けていた可能性も捨てきれない。ただ、史料をみる限りでは、そのほとんどは廃城となり現在使われていない城、機能を停止している城という意味で使用されていると考えてひとまず問題なさそうである。ここではもう少し、史料にどのように「古城」が登場するのかを確認してみたい。

天文十九年（一五五〇）と二十二年、甲斐の武田信玄は信濃佐久郡周辺へ進出し、小県郡の望月《もちづき》城（長野県佐久市、図30）に在陣したが、そのときの様子を記した『甲陽日記』には「望月の古地御陣所」「望月古城御陣所」と記されている。信玄が陣取った望月の

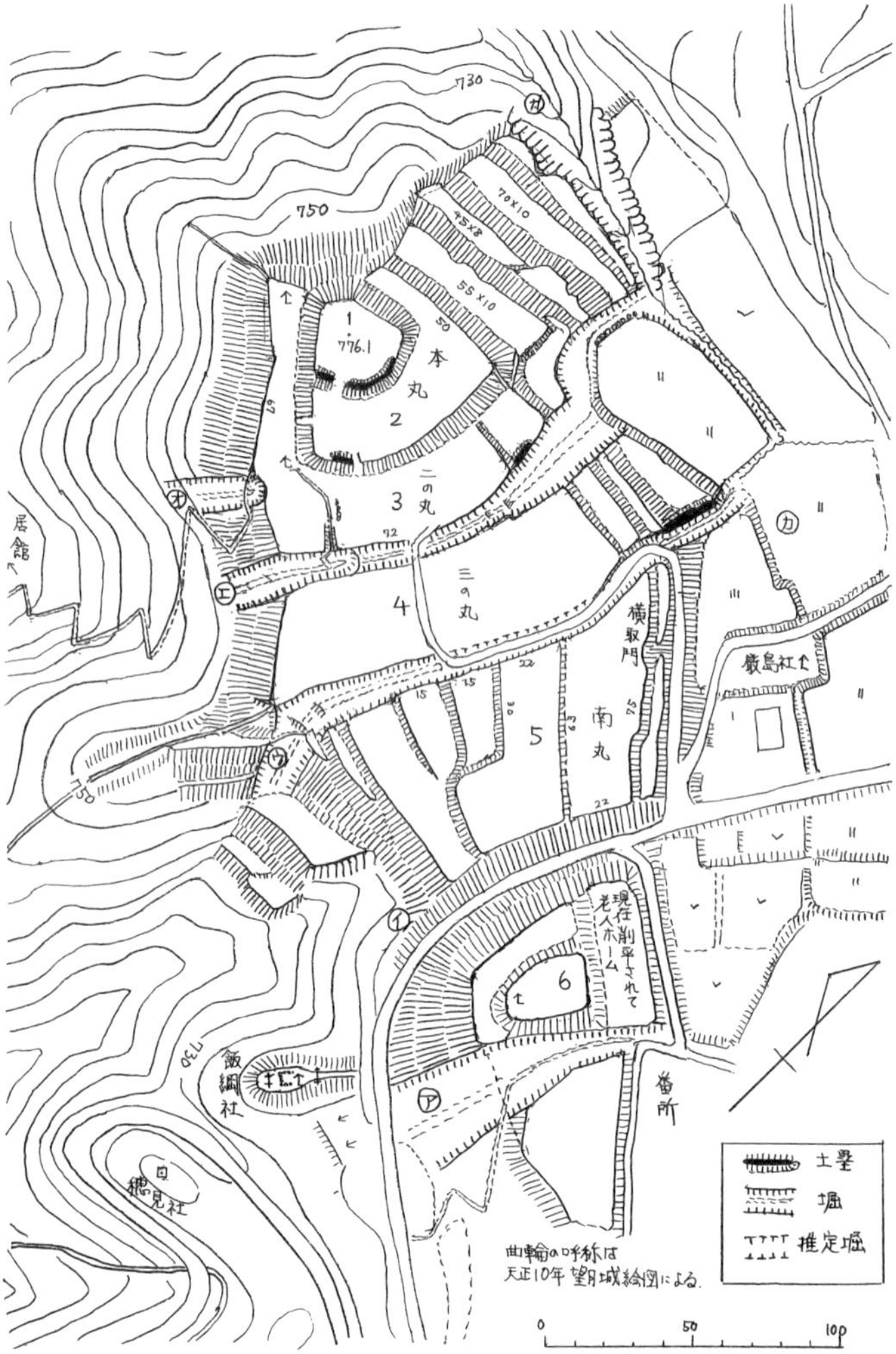

図30　望月城縄張図（宮坂武男作図，長野県立歴史館所蔵，『縄張図・断面図・鳥瞰図で見る信濃の山城と館』1，戎光祥出版，2012年より）

「古地」と「古城」は、同一のものとみて間違いない。先述したように、戦国時代の史料では、「〜地」という表記で城の存在を表すことがしばしばある。したがって、「古地」＝「古城」ということになる。「古地」という用語も、「古城」の存在を示すものと考えて良いだろう。

先ほどみた深大寺《じんだいじ》城は、「古城」と記されていた。しかし、実は別の史料では「神太寺ノ古キ要害」（『鎌倉九代後記』）と記されている。つまり、「古キ要害」とも呼ばれていたことになる。「古要害」という表現は、それほど多いわけではないが、永正七年（一五一〇）八月三日付け山内《やまのうち》上杉憲房書状に「高麗寺ならびに住吉の古要害を取り立て蜂起せしめ候」（「古簡雑纂七」）とあり、相模高麗寺《こうらいじ》城（神奈川県大磯町）と住吉《すみよし》城（神奈川県平塚市）が「古要害」と表現されている。

「古屋敷」「古跡」「古き郭」「古館」　有名な桶狭間の戦いに関する史料のなかにも、「古城」は登場する。数万ともいわれる今川軍を迎え撃つため、織田信長は各所に砦《とりで》を築いたことで知られているが、『信長公記』に「たんけと云ふ古屋しきこれあるを御取出にかまへられ……東に喜照寺とて古跡これ在り、御要害に候て……」という記載があり注目される。前者の丹下《たんげ》砦（愛知県名古屋市）は「古屋しき」＝「古屋敷」であり、それを再利用して「取手」＝砦としている。後者の善照寺《ぜんしょうじ》砦（愛知県名古屋市）は当時、「古跡」であったが、それを再利用して「御要害」となしたと記されている。「古跡」という表現は、寺院跡という意味なのかもしれず、「古城」の存在を指す表現なのかどうか難しいが、寺院が城郭化されることはよくあることであるから、いずれにせよ何かの跡地を再利用して「御要害」にしたということ自体は間違いないだろう。

このほか、深大寺城ではさらに別の史料に、「深大寺とかやいへるふるき郭を再興し、相州に向てこれをかこむ」（『河越記』）とあり、「ふるき郭」という表現もみられる。また、「古館」との表現も各地で散見される。これらも「古城」と同じ意味の言葉と考えてよさそうである。

「旧城」「破却の城」「再興」

杉山《すぎやま》城の近くに菅谷《すがや》城（埼玉県嵐山町）という城がある（図31）。杉山城・松山《まつやま》城（埼玉県東松山市）・小倉《こくら》城（埼玉県ときがわ町）・鉢形《はちがた》城（埼玉県寄居町）とともに、国指定史跡比企《ひき》城館跡群を構成している城である。畠山重忠の菅谷館の比定地となっているが、現存遺構は戦国期のもので、これまで北条氏の城とされてきた。近年は杉山城と同様、戦国前期の城ではないかといわれるようになってきている。

そんな菅谷城であるが、文献史料によると、一五世紀後半に近隣の鉢形城とともに山内上杉氏の拠点的な城郭として機能するようになることがわかっている。そのときの史料に

図31　菅谷城主郭の堀（埼玉県嵐山町）

「河越に向かい須賀谷の旧城を再興」（『松陰私語』）と出てくる。ここから、この時点で菅谷城が「旧城」、すなわち使われていない城という状態だったことがわかる。これも「古城」と同じ意味の言葉と考えて問題なかろう。

「古城」は、破却され機能停止となった城であるので、そのまま「破却の城」と表現されることもあった。江戸時代初期の元和年間（一六一五〜二四）に庄内藩に仕官した出羽小野寺氏旧臣村岡六郎左衛門の「戦功覚書」の一節に、「鮎川と申す城……本ははきやく《（破却）》の城にて候を、夜の内尺貫をゆひ、かゝり《（篝）》をたて堅固に城を持ち申すに付きて」（『雞肋編《けいろくへん》』四二）とある。いわゆる「北の関ヶ原」のときの出来事が記されているのだが、もともとは「はきやくの城」＝破却の城、つまりは「古城」だった鮎川《あゆかわ》城（山崎館か。秋田県由利本荘市）が再利用されている様子がわかる。

このほかに「再興」がある。先ほどみた深大寺城や大野田《おおのだ》城・菅谷城の場合、「古城」「旧城」を「再興」して再利用していた。ここから、「再興」された（されようとしていた）城は、それまで使われていなかった城、つまり「古城」であった可能性が非常に高い。

島津家久がみた池田城

こんな事例もある。薩摩島津氏の一族に、島津家久という人物がいる。島津義久・義弘の弟にあたり、世間的には勇猛果敢な武将として知られる人物であるが、実は彼は天正三年（一五七五）に薩摩から京都へ旅に出かけている。

家久は、京都へ向かう道中、さまざまな城を見物していて、なかには周防三丘嶽《みつおだけ》城（山口県周南市）のように「高いけれど悪い城である」と評されてしまった城まであるのだが（いったい何がどう悪いのだろう……）、摂津の池田を訪れた際に「池田城　池田といへる城有り、今はわりて捨られ候」と記している（『中書家久公御上洛日記』）。池田城（大阪府池田市）という城があり、それを近くからか遠くからかはわからないが、家久はともかく見物したのだが、壊され捨てられた城であるというのである。遠く薩摩からやってきた家久が、わざわざ壊され捨てられた「古城」を見物し、書き留めていることも興味深い。

以上のように、「古城」はさまざまな形で史料上に登場し、その存在を知ることができるものである。しかし、ここには大きな問題が隠されている。ある城が当時、「古城」であったとしても、すべての史料にそのように表記されるとは限らないのである。

隠れ「古城」

考えてみれば当たり前のことなのであるが、実態としては「古城」であっても、いちいち正確に「古城」とすべての人が丁寧に記すわけではない。「古城」であるという情報が重要なのであれば、きちんと「古城」と表記するだろうが、そうでない場合は、「古城」と表記するかどうかは、まさに書き手の意識や偶然によるだろう。また、その時点で城として使用されていれば、そのまま普通に「城」として表記されてもおかしくない。

つまり、史料上に必ずしも「古城」と表記されていない城であっても、実態として「古城」だった城が相当数あるのではないか、ということである。それがよくわかる事例が、先ほどみた深大寺城である。天文六年（一五三七）時点で深大寺城は「古城」となっていたわけだが、当時の文書には「河越衆神太寺へ陣を寄せ候由」とあり、「古城」とは記されていないのである。このように、深大寺城の場合は、文書では「古城」と表現されていないが、軍記物・編纂物に「古城」「ふるき郭」「古要害」と記されていたために、一度廃城となっていたことが判明したのである（図32）。もし、深大寺城の存在を記す史料が上

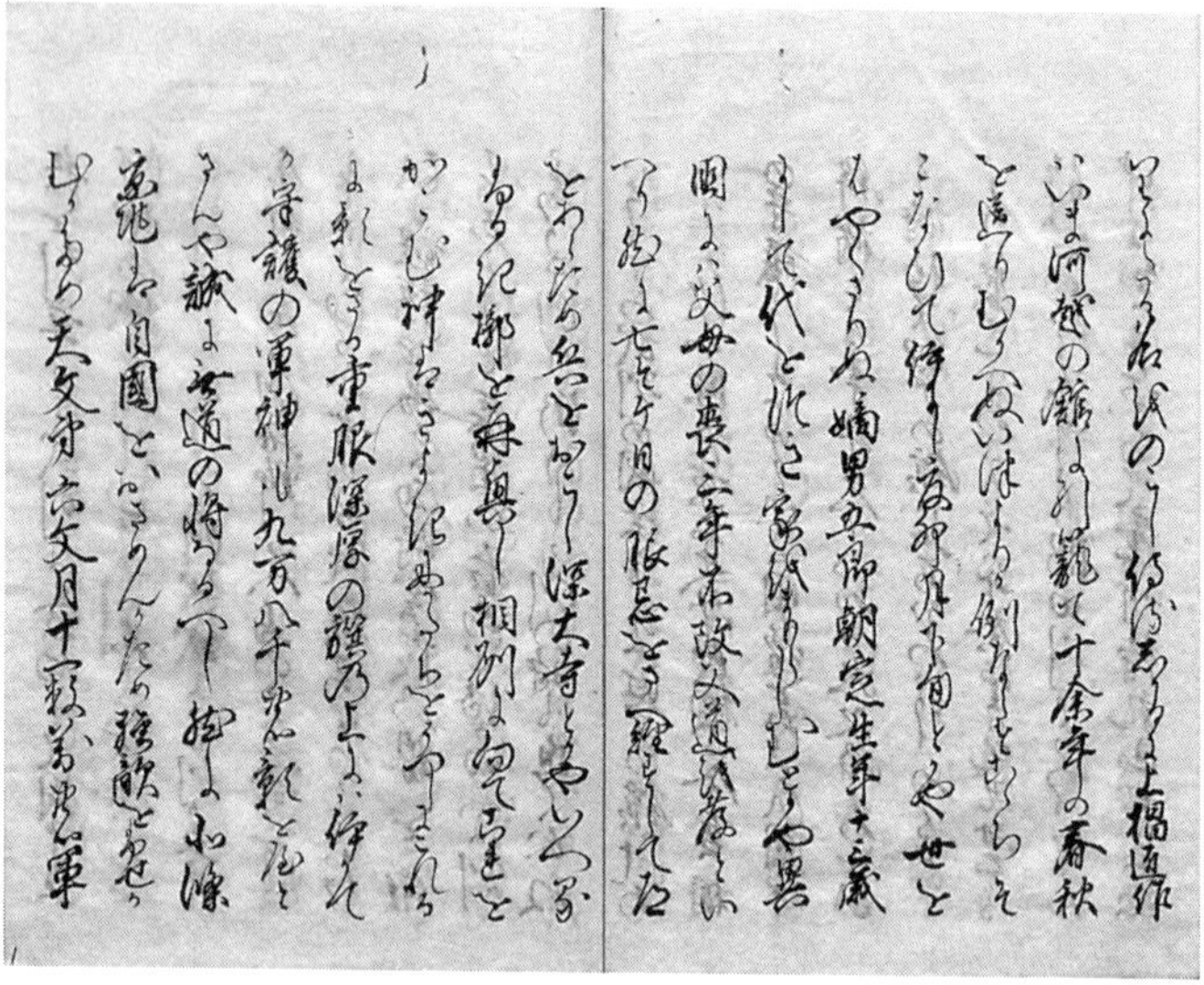

図32　「ふるき郭」と記された深大寺城
（『河越記』より，国立公文書館所蔵）

記文書のみであった場合、当時深大寺城が「古城」となっていた事実を明らかにすることは難しいだろう。

同様の事例として、先に触れた尾張楽田《がくでん》城が挙げられる。小牧・長久手の戦い時に豊臣秀吉の本陣となった城で、「筑州御本陣かくてんと申して古城に御座候」（「松井家譜」）とあるように、当時は「古城」だった。ところが、同時期のほかの史料では、「我等の儀は楽田城に着き申す事に候」（「生駒家宝簡集」）、「我等は楽田と申す所に居陣致し候」（「難波創業録」）というように記されており、「古城」であったとは明確に記されていない。この場合も、深大寺城と同様に、「古城」と記されている史料が偶然残った結果、楽田城が当時、「古城」だったことが判明したにすぎない。もし、上記の史料しか残存しなかった場合、楽田城が「古城」だったことは、文献史料からは永遠にわからないだろう。

どうもこのような事例は意外と多いようである。史料の文面だけをみると、まるでそのときまで使われていた城、あるいは新規に築城された城であるかのように思えてしまう城も、実は「古城」を再利用した姿だったという可能性が少なからずあるのである。城郭関係史料を読解する際には、こうした点にも注意していかねばならないだろう。

南北朝時代の「古城」

以上の諸事例から、戦国時代には数多くの「古城」が存在し、さまざまな言葉で表現されていたことがわかった。だが、実は「古城」は戦国時代になってから登場するものではない。早くも南北朝時代には「古城」が登場し、再利用されていた。

ただし、それが史料上に明確に登場する地域は、筆者が知る限りではほぼ九州に限定される。『南北朝遺文　九州編』をめくると、「姫木古城《ひめぎ》」、今村の「古城」「窪田古城《くぼた》」「末よしの古城」、中郷の「古城」(「大隅禰寝文書」)、「水嶋の古城」(「肥後阿蘇家文書」)などをみつけることができた。いずれも、今川了俊《りようしゆん》や満範《みつのり》、大友軍が陣取るなどして再利用している。

おそらく、これらの「古城」は、南北朝内乱の過程で築城された城で、ほどなく廃城となり「古城」となったものの、あまり間をおかずに再利用されたものと考えられる。戦乱の時代だからこそ、多くの城が築城され、廃城となり、また再利用される。そうした状況は、南北朝時代も戦国時代も同じだった。

朝鮮出兵と「古城」

「古城」は、何も日本国内だけで再利用されたわけではなかった。浅野幸長《ゆきなが》の家臣が記した韓国蔚山《ウルサン》での籠城戦に関する覚書が「浅野家文書」に残されているが、そこには「敵出で候に付き、御人数出され候所は、おいさんと申す所の古城にて、数度の合戦御座候」と記されている。「おいさん」という場所に「古城」があり、そこで合戦が数回あったというのである。『南紀徳川史』に収録されている石黒藤兵衛三増の覚書にも、朝鮮軍をとある「古城」に追い込めている様子が記されている。

加藤清正の家臣だった本山安政の「戦功覚書」にも「古城」が登場する。豊臣軍が拠点とした蔚山城の北方十二、三町ほどのところに、「唐人の古城」があった。豊臣軍の太田一吉勢は、その「古城」を後ろに、川を前に当てて陣取り、敵の襲来に備えていたという。実際に「古城」に籠城したわけではなさそうだが、緊急時に逃げ込めるようにしていたのだろうか。

このように、朝鮮軍も豊臣軍も朝鮮国内の「古城」を再利用していたのである。

戦国時代前半の築城ブームと「古城」

「古城」は、南北朝時代には存在し、再利用されていた。とはいうものの、戦国時代、特に一六世紀に激増することは間違いない。ということは、それ以前にすでに築城され廃城となっていたことになる。その時期はいつなのか。

越後の国人領主中条氏は、享徳二年（一四五三）に鳥坂城《とっさか》（新潟県胎内市）を「再興」しているが、それは「一百二年」ぶりであったと述べている（「三浦和田中条氏文書」）。一〇二年前ということは、ちょうど南北朝時代になる。おそらく、鳥坂城は南北朝内乱の際に築城されたもので、当時の城らしく臨時的に築かれたものであったのだろう。そのため、日常的に維持管理されることなく、比較的短期間で廃城となったと思われる。それが、戦国時代の幕開けの時期に、一〇〇年のときを経て「再興」され、恒常的に維持されるようになったのである。

藤崎城《ふじさき》（青森県藤崎町）という城の場合は、もっとすごい。近世の編纂物に記された情報ではあるが、永禄十年（一五六七）に大浦氏と南部氏の争いが激化するなかで、南部氏は「明き城」（空き城）となっていた藤崎城を「再興」したのだが、それは約二〇〇年ぶりだったという（『永禄日記』）。二〇〇年前というと、やはり遡るとちょうど南北朝時代にあたる。

このような事例をみると、南北朝時代に築かれて「古城」となっていた城が、一〇〇年ないし二〇〇年のときを経た戦国時代になって積極的に再利用されていた様子がうかがわれよう。やはり、要害堅固な場所というものは、ある程度限られているであろうから、南北朝時代に城があった場所は、戦国時代においても変わらず重要だったことが多いのだろう。南北朝時代の城の存在感というものを感じさせるが、あくまで南北朝時代の臨時的な城であるから、土塁や堀がどの程度あったのかも疑わしいため、そうした遺構を利用して

「再興」したとは少々考えにくい。大幅な改修が行われた、というのが実態に近いのではないだろうか。

深大寺城や大野田城の事例をみてもそうだが、やはり戦国時代に行われた「古城」の再利用の場合、その「古城」のほとんどは、戦国時代に築城されたものである可能性が高い。つまり、せいぜい数十年単位ということである。なかでも、戦国時代の前半に築かれた「古城」が積極的に再利用されているのではないかと考えている。

この時期は、城郭史にとって非常に重要な時期である。各地で恒常的な城が誕生すると同時に、戦乱にともなう臨時的な城がこれまで以上に無数に築かれていくようになった。深大寺城の場合も、一五世紀末に築かれた「古城」を、天文六年（一五三七）になって再利用したものであった。

戦国時代の前半は、全国各地で大量に築城が行われるのと同時に、大量の「古城」が生み出され始めた時期ともいえるのかもしれない。近年、「杉山城問題」を契機として戦国前期の城が注目されつつあるが、こうした点からも戦国前期の城を再評価していくことが必要ではなかろうか。

「古城」のゆくえ

「古城」の使われ方

維持管理　「古城」を再利用しようとしても、どこにどのような「古城」があるのかを知らないとできないが、史料をみていくと、一部の「古城」は大名によ り積極的に維持管理されていた可能性が指摘できる。たとえば、先述した信濃望月《もちづき》城の場合、武田信玄が繰り返し陣所として利用していることから、現役の「城」ではないものの、陣所として利用するための維持管理を武田氏がある程度行っていた可能性があるだろう。

武蔵花園《はなぞの》城（埼玉県寄居町）も、そうした「古城」だった可能性がある。鉢形《はちがた》城主北条氏邦が、領内末野の鐘打に対して「花園山」の管理を命じている史料がある（「武州文書所収榛澤郡三阿弥所蔵文書」）。この「花園山」は、鉢形城のほど近くにあり、国衆《くにしゅう》藤田氏の城だった花園城があった山のことを指すと考えられる。北条氏時代に花園城が使われた

図33　新地城主郭の堀（福島県新地町）

形跡はないため、花園城は当時、「古城」となっていたと考えられる。そうなると、氏邦は「古城」となっていた花園城の管理を地域社会の人々に委任していたと評価することも可能になる。

「古城」の維持管理をさらに具体的に物語るかのような史料も存在する。慶長五年（一六〇〇）九月、伊達政宗は相馬領との境目《さかいめ》に位置する新地《しんち》城（福島県新地町、図33）にいた家臣の大町元頼に対して、新地城はこれ以前にすでに破却されており、これまで余裕がなかったため普請もせずにそのままの状況であったこと、今回大軍が攻めてきたならばとても抱えられないので、駒ケ嶺《こまがみね》城（福島県新地町）の者たちとともに近隣の坂元《さかもと》城

（宮城県山元町）へ移るよう命じている（『引証記』一九）。破却された時期は、おそらく奥羽仕置のときと考えられるが、それ以来両城とも「再興」されることなく「古城」として存在し続けていた様子がうかがわれる。それと同時に、「古城」の近辺、おそらく麓周辺に家臣たちがそのまま在住し続けていた事実に注目したい。

これに関して松岡進氏は、「なお城主的存在と家中が在地にいる以上、通常理解されているような意味での廃城ではなく、軍事的に機能する可能性は持ち続けていた」と述べている（松岡二〇〇二）。「古城」となっていた新地城・駒ヶ嶺城は、伊達氏によってある程度維持管理されていたのだろう。後述する「越後国郡絵図」に登場する「古城」の有り様ともよく似ている。

情報の収集

ただし、大名側が常日頃把握していた「古城」は、領国内すべての「古城」ではなかった。大名が把握しきれていない「古城」も多く存在しており、それらの「古城」を知っていたのは家臣や在地の人々だったようである。

関ヶ原の戦い時、現在の福島市周辺で戦っていた伊達政宗は、敵である上杉方の陸奥福《ふく》島《しま》城（福島県福島市）と宮代《みやしろ》城（福島県福島市）の間に「古城」があるかどうかを家臣に尋ねている。それを受け、家臣は本内と鎌田に「古城」があると伝えている（「伊達家文書」）。ここから、政宗自身はこの地域の「古城」に関する情報を必ずしも持っておらず、家臣に情報提供を頼っていたことがわかる。

また、先述した大野田《おおのだ》城の場合、上杉景勝は芋川親正《いもかわちかまさ》に周辺地域の絵図を描かせて「条目《じょうもく》」とともに送付させており、それによって景勝は大野田城の「再興」を命じている。おそらく、親正は絵図に複数の「古城」を記し、そのなかから大野田城を「再興」することが戦略的に望ましいと進言したのだろう。この場合も、戦いの最前線にいた親正が「古城」の存在を調査し把握していたと考えられる。

然るべき「古城」があった場合は、再利用する前に実地調査をする場合もあった。島津氏家臣の上井覚兼《うわいかくけん》は、「当所古城」（日向海江田《かえだ》城。宮崎県宮崎市）は然るべき場所なので、「城」として構えて軍勢を置いておこうとしていた。そのために、覚兼自身が「古城」となっていた海江田城跡に登って詳しく現地を調査見学している（『上井覚兼日記』）。遺構の残り具合などを調査していたものと思われる。

陣所として

ここからは、「古城」の再利用のあり方について、詳しくみていきたい。

再利用のあり方として一番多いものが、陣所としての再利用である。ほとんど破却されていない「古城」が大量に存在していたことから、一時的な陣所として再利用するにはもってこいの場だったのだろう。

前章で取り上げた望月城は、まさにこのパターンである。当時の望月城は、あくまで

「古地」「古城」であって、現役の「城」として機能していたようにはみえない。これは、「古城」となっていた望月城の遺構を利用して陣所としていたと考えて良いだろう。また、島津家久が見学した池田《いけだ》城ものちに「古池田」と登場し、織田信長が陣所としてしばしば利用している（『信長公記』）。このような場合、軍勢が駐屯する兵舎などの普請は必要になるが、おそらく縄張《なわばり》そのものの改修はあまり行われていない可能性が高いのではないか。

もう少し事例をみてみよう。天正十八年（一五九〇）の小田原合戦時に、長連龍《ちょうつらたつ》ら前田利家の軍勢の一部は、抵抗を続ける武蔵鉢形城攻めに向っていた。そのときの状況を示す利家の書状には、「石橋と申す村、上之野」にある「古城」に陣取り「小屋」掛けをしたことが記されている。また、長らは利家から「いかにも念を入れ、丈夫に申し付けられ肝要に候」、つまり陣取りについて入念に丈夫にするよう命じられている（「前田育徳会所蔵文書」）。

この「古城」は、諸先行研究によって武蔵青鳥《おおどり》城（埼玉県東松山市）であると考えられている。青鳥城も、基本的には戦国前期で機能を終えた城である可能性が高い。この史料から、この時点で青鳥城は「古城」となっていたこと、小田原合戦という戦乱状況のなかで、前田軍の陣所として再利用されたことがわかる。青鳥城は広大な曲輪《くるわ》を持つことで知られているが、大軍を収容するのに適した城であるため選ばれたのだろうか。「いかにも念を入れ、丈夫に」とあることから、それまでの縄張が改変された可能性もあるが、当時の状況を考えると、前田軍の在陣期間は非常に短期間であり、この場合も基本的には「古城」の遺構をそのまま利用したと考えられる。

破壊し尽くされても

「古城」を陣所として利用する事例は、ほかにもたくさんあるが、次の事例も面白い。

徳川氏家臣の水野勝成が晩年に記した「水野勝成覚書」に、関ヶ原の戦いの直前の様子が記されている。このとき、勝成は西軍が籠城していた美濃大垣《おおがき》城（岐阜県大垣市）を攻撃するため、その北に位置したかつての稲葉氏の居城曽根《そね》城（岐阜県大垣市）に陣取った。しかし、曽根城は徹底的に破城されていたようで、堀も塀もない、まさに城跡となっていた。そのため、当面必要な分の竹垣をつくりめぐらして何とか陣所としての形を整えたようだが、それでも城としての体を成していない状態なので、一日も持ちこたえられそうになかったという。

それにもかかわらず、勝成がわざわざそこを選んで陣取っていることには注目すべきだろう。たとえ徹底的に破却された城であっても、立地・地形などの面で普通の場所に陣取るよりは良かったのではないか。合戦を目前とした状況のなか、少しでも有利な場所に陣取ろうとして行き着いた先が曽根城跡だったと考えられる。この話が事実かどうかは別にして、たとえ徹底的に破却された城であっても、こうした形で再利用される可能性があったとはいえるのではなかろうか。

「つなぎの城」「境目の城」として

「古城」は、味方の城同士を結び付けるための連絡用・中継点の城として再利用される場合もあった。

小牧・長久手の戦い時、豊臣秀吉方と各地で戦っていた織田信雄《のぶかつ》・徳川家康は、当時の重要拠点であった伊勢萱生《かよう》城（三重県四日市市）への「つなぎの城」を必要としていた。その情報を聞きつけた敵である秀吉は、「浜田の古城拵えるの由に候、定めて萱生のつなきに仕るべしと存候」（「東京古典会展観入札目録」）と述べている。どうやら信雄・家康方は、「古城」となっていた伊勢浜田《はまだ》城（三重県四日市市）に目を付け、これを再興して「つなぎの城」としたようなのである。わざわざ新しく築城するのではなく、「古城」だった浜田城を再利用することで、「つなぎの城」にしているのである。

「境目の城」としての再利用もあった。天正元年（一五七三）、毛利輝元は「因伯仕切の城」として「鹿野《しかの》古城」を取り立てている（「野村家文書」）。この鹿野城（鳥取県鳥取市）は因幡守護山名氏の城で、この直前の永禄十二年（一五六九）までたびたび史料に登場する重要な城だった。おそらく、いったん廃城となり、わずか数年間「古城」となっていたものと思われる。その後、鹿野城は重要拠点として長期間使用されているため、大幅な改修が行われたのではなかろうか。

乗っ取られる「古城」

島原・天草一揆における原《はら》城と同様、戦国期においても領内の「古城」が敵対勢力により使われてしまうことがしばしばあった。

武蔵椚田《くぬぎだ》城の場合、維持管理不能となり事実上放棄されていたところを、伊勢宗瑞《そうずい》に乗っ取られてしまっていたが、同様の事例がある。陸奥の岩城隆忠《たかただ》が支配する菊田荘には青土屋城（福島県いわき市）という城があり、「代官」＝「城主」を置いていたが、あまりに山深いところにあるため、「城主」を同荘の上田《うえだ》城（福島県いわき市）に移した。それにより、青土屋城は「古城」となったようだが、岩城氏に敵対する「岩崎落仁」が「青土屋の古城」に籠城するという事態が文安四年（一四四七）に起きてしまっている（「東京大学白川文書」、図34）。

天正十年（一五八二）、織田信長は甲斐武田氏を滅ぼしたが、その直後に北信濃において、織田氏による新たな支配に反対する一揆が、国衆《くにしゅう》芋川親正らを中心に勃発した。このとき、一揆勢は「大蔵の古城」（長野県長野市）に立て籠もって抵抗したが、抵抗むなしく、「女童千余人」が切り捨てられたしまったという（『信長公記』）。

天正十五年十月頃、九州各地で豊臣政権の支配に反発する一揆が勃発していた。豊前国も例外ではなく、一部の一揆勢は上毛郡の「野仲《のなか》古城」（福岡県築上町）に籠城して抵抗し

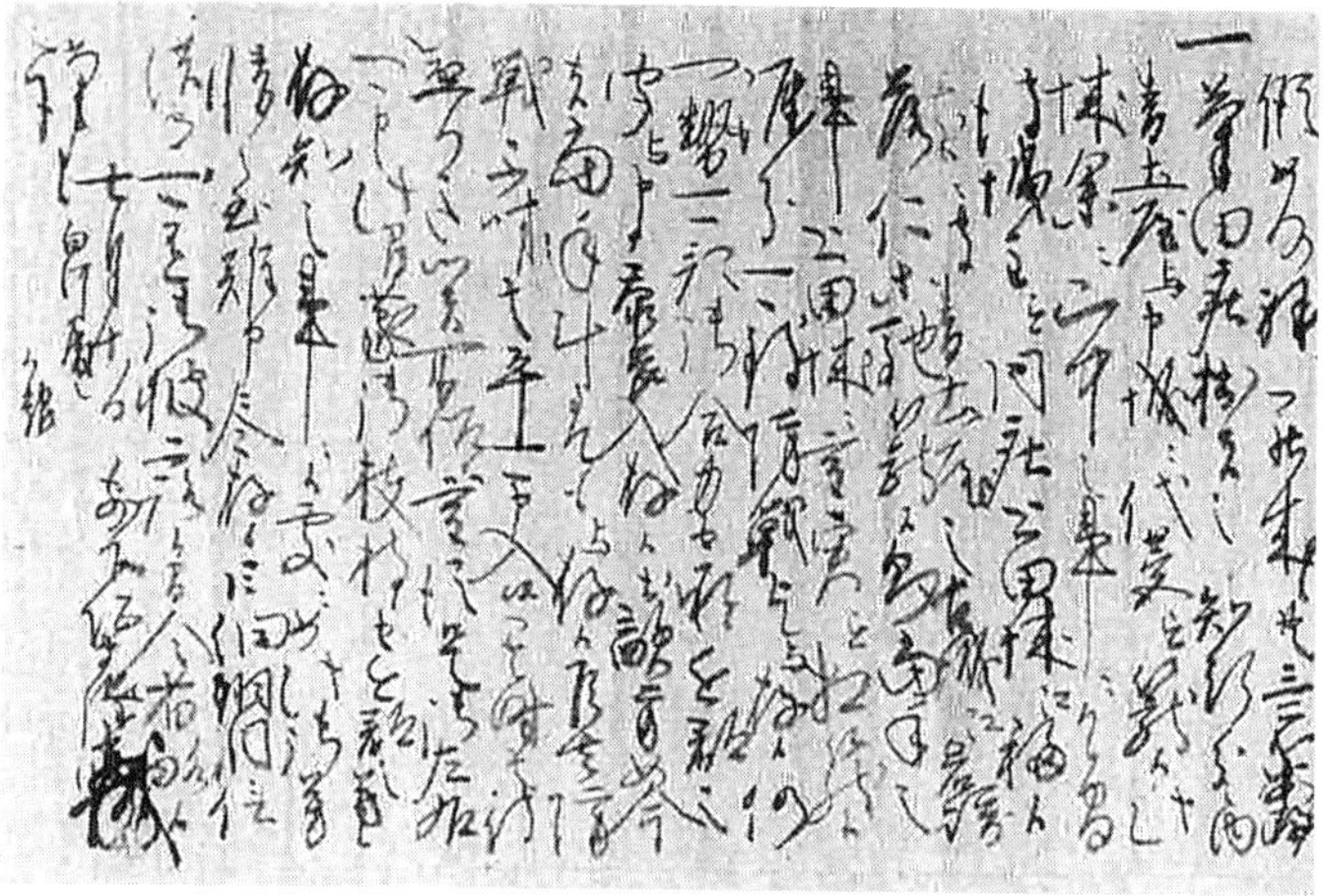

図34　岩城隆忠書状（「東京大学白川文書」，東京大学文学部所蔵．「青土屋の古城」が登場する）

ていた。そこで秀吉は、小早川隆景に対して毛利輝元と相談して「彼古城」を討ち果たし、一揆勢をなで斬りにするよう命じている（「小早川家文書」）。

　このような事例は多く、島原の乱と同様、一揆勢が地域の「古城」に籠城し、領主に抵抗するという事態が各地で起きていたことがわかる。

　一揆など敵対勢力に「古城」が再利用されてしまう事例をみたが、逆に一揆対策として「古城」を領主側が再利用する場合もあった。天正三年卯月三日付けで出された、毛利氏家臣の堀立《ほたて》直正書状には、備後鞆《とも》とその周辺で一揆が起きたときに、直正は同じ毛利氏家臣の児玉就方とともに「伴《とも》ノ古城」（広島県福山市）に登り、「城誘《しろこしらえ》」＝

築城を行ったと記されている（「堀立家證文写」）。一揆を討伐するための拠点として鞆城を再利用したのであろうが、一揆勢による再利用を防ぐ意味もあったと考えられる。

「古城」の破却

以上みてきたように、「古城」は敵対勢力に再利用される危険性が常にあったといえる。そうしたことを未然に防ぐため、「古城」を再度破却するという事態も起きていたようである。

慶長五年（一六〇〇）八月二十八日に出された、当時東軍方で豊後杵築《きつき》城（大分県杵築市）に籠城していた松井康之らの書状によると、西軍方の太田一吉らが、杵築城近くの海沿いにあり「古城」となっていた豊後深江《ふかえ》城（大分県日出町）へ夜中に船で向かい、「足懸《あしがかり》」を拵えて城として再利用しようとしていた。その情報を得た松井康之は、一足先に「深江の古城」へ向かい、本丸・二の丸まで入念に城破りを行った。これにより、そう簡単に敵方も軍事行動を起こすことはできないだろうと述べている（「松井文庫所蔵文書」）。

このように、戦時には「古城」は常に再利用される危険性があり、それを防ぐために「古城」の城破《しろわ》りを実施することがあったのである。この「古城」がすでに城破りを受けていた城だとすると、それが二度にわたって実施されたことになる。城破り論としても興味深い事例である。

これと同様の事例として、秀吉が天正八年（一五八〇）四月に播磨で実施した一国規模

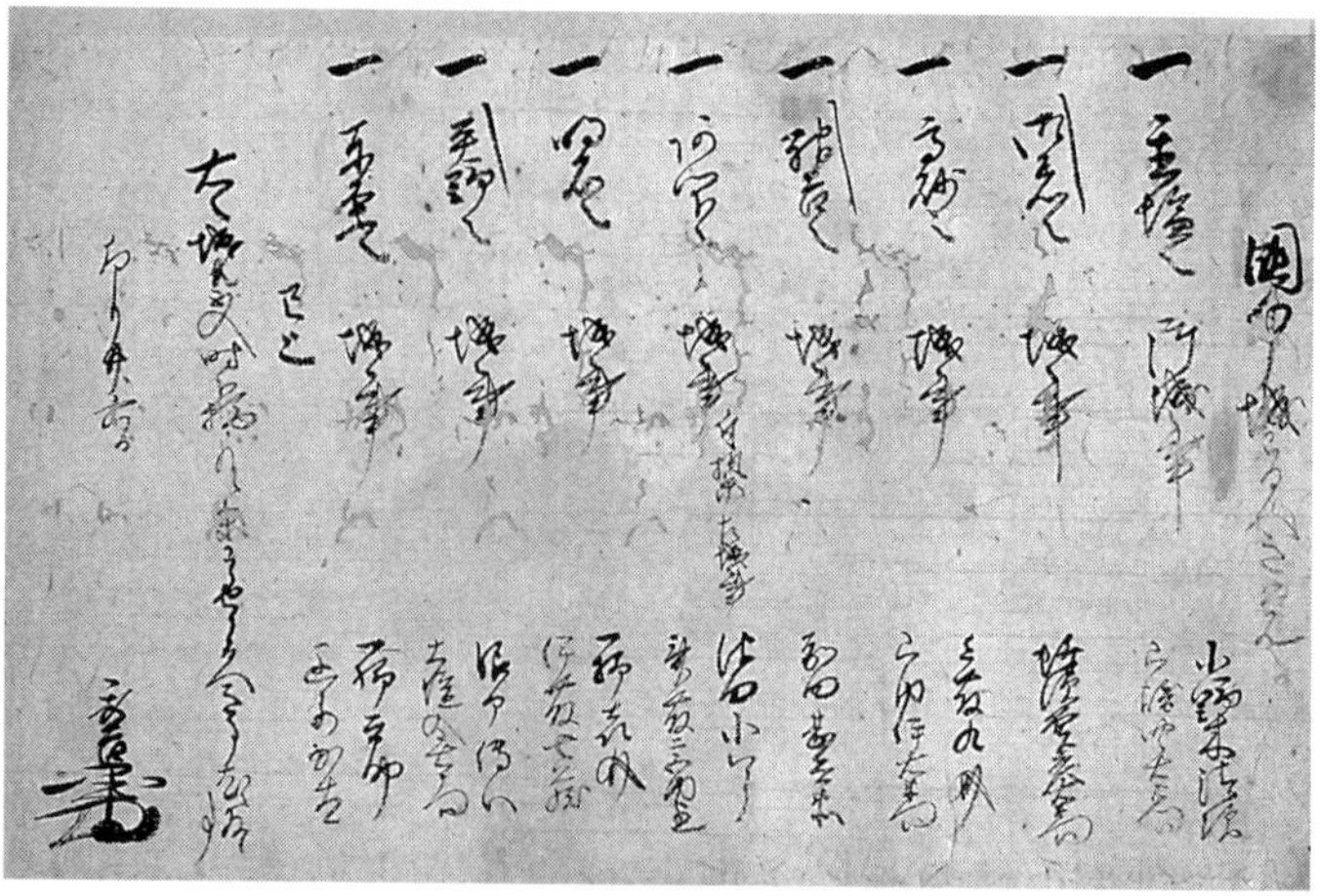

図35　羽柴秀吉播磨国中城割り覚（「小野一柳文書」，個人所蔵，小野市立好古館提供．「梶原古城」が登場する）

の城破りがある。このとき、不要な城であるとして、置塩《おじお》城・御着《ごちゃく》城（兵庫県姫路市）など恒常的に使われていた諸城が破却の対象となったが、そのなかに一つだけ、阿閉《あべ》城（兵庫県加古川市）に付属して「梶《かじ》原《わら》古城」（兵庫県加古川市か）なるものが登場する（「小野一柳文書」、図35）。すでに「古城」となっているにもかかわらず、それを破却対象とするというのは、すぐには理解しがたい。

　しかし、これまでみてきた事例を踏まえるならば、たとえ「古城」であってもほとんど破却されておらず、場合によっては大名により積極的に維持管理されていたものもあるため、再利用可能な状況で残っていた可能性が高い。その危険性を除去するため、「梶原古城」は再度の城破りを実施されたと考えられよう。これが実際に実行に移されたのか、どこまで破却されたのかはわからないが、この場合は単にシンボリックな城破りでは済まずに、ある程度本格的な破却が実施された可能性が高いように思う。

「村の城」として

「古城」は、「築城」の章で触れた「村の城」論との関係からも注目される。天正十四年（一五八六）に伊達政宗は二本松《にほんまつ》城を手中にし、同城に伊達成実《しげざね》を置いて新たな支配を開始したが、二本松領の苗代田というところは敵地に近い場所であり、百姓たちは逃散していた。そこで成実は、百姓の召し返しを行ったが、戻ってきた百姓たちは近くの「古城」に集住し、そこを拠点に耕作をしていたという（『政宗記』）。この「古城」は小屋館《こやだて》（福島県本宮市）に比定されている。村人たちの生命財産を守る場所として、地域の「古城」が利用されていることがわかる。まさに「村の城」である。

これまでの「村の城」論では、村が独自に築城していた側面を強調してきた。そのため、地域に残る領主側が築いた「古城」との関係にまで言及しているものはほとんどない。だが、こうした事例を踏まえると、領主によって築城され「古城」となった城が領主の手から離れ、それを村が「村の城」として再利用するという事態があり得たことになる。ほかに具体的な事例を挙げることはできないが、こうしたことは往々にしてあったのではないだろうか。

さらに興味深いのは、同じ城でもある時期は領主の城として使われ、ある時期は「村の城」として使われる、というように、城の性格が変化する可能性があったということである。「城の使われ方」の問題を考えるうえでも、重要な視点ではなかろうか。

この「古城」は、後段では「寄居《よりい》」（小規模城郭を表す用語の一つ）と言い換えられて登場しており、伊達軍の物頭《ものがしら》まで配置されている。結局、ほどなく伊達氏が「古城」を「寄居」として再利用したことになるが、領主が築いた「古城」が「村の城」の一つの供給源になっていたのではないか、という視点で「村の城」を捉え直すことも必要なのかもしれない。

再利用されるまでの期間

「古城」となった城は、どれくらいの期間を置いて再利用されるのだろうか。もちろん、それは状況によってさまざまであり、先述した鳥坂《とつさか》城や藤崎《ふじさき》城のように一〇〇年単位も間を置くこともあれば、深大寺《じんだいじ》城や大野田城のように数十年後という場合もあった。

だが、もっと短い期間のなかで再利用されることも多かった。第二次川中島合戦後の弘治二年（一五五六）六月、武田信玄と和睦した上杉謙信は、信玄が新たに築いた「新地《しんち》」である旭山《あさひやま》城（長野県長野市）をことごとく破却させてから撤退した（「歴代古案巻五」）。

まさに、大名間停戦・和睦にともなう城破りの典型例である。これにより、旭山城は「古城」となったといえよう。

ところが、この和睦は間もなく破綻し、翌三年五月に再び川中島方面へ出馬した謙信は、四月二十五日に「古城」となっていた旭山城を「再興」して「居陣」していることが確認される（「鴨井英雄氏所蔵文書」）。破却からわずか一年たらずである。和睦が破綻し、にわかに軍事的な緊張状態が高まったことを受けて、「古城」となっていた旭山城はいとも簡単に「再興」されたのである。

では、「古城」を修築し実際に使えるような状況にするには、どの程度の期間が必要だったのだろうか。それが具体的に記されている史料がいくつかある。永禄六年（一五六三）十二月、武田軍は上野木部（群馬県高崎市）に着陣したが、そこにあった「当古地」（木部城に比定される）を「御再興」し、再利用しようとしていた。そして、「元より存外堅固の地」なので、一〇日ほどで完成するだろうと述べている（「新編会津風土記所収文書」）。つまり、わずか一〇日ほどで再利用可能であったということになる。おそらく、土塁や堀など基本的な形はそのまま残されており、少しの手入れをしさえすれば十分使える状態だったのだろう。

むろん、先にみた曽根城のように徹底的に破却された城もあるため、「古城」と一言でいってもさまざまなレベルのものがある。先述したように、原城《はら》もほとんど破却されていなかったばかりか、ある程度の建物までそのまま残っていた可能性が高いとさえされている。また、これまでの城破り論においても、多くの場合は部分的な破却だったことが明らかにされている。先にみた深江古城や梶原古城などは、まさにそうした状態の「古城」だったと思われる。

こうしたことからして、一概にはいえないものの、それなりに短期間で再利用可能な「古城」が数多く存在していたと考えられる。それにしても、特に戦乱状況下においては、多くの「古城」のなかで速やかに「再興」可能な「古城」を選択している可能性も高いだろう。どこにどのような「古城」があるのか、その情報収集の重要さが改めてうかがわれる。

「古城」と戦国合戦

「古城」の再利用の実態について、さまざまなパターンをみてきた。時期も地域もさまざまであった。これらのことから、戦国時代の戦争が「古城」の存在を前提に展開されていたことがわかるだろう。一から築城するには手間暇も資金も必要であるが、「古城」であれば短期間で「城」として使用可能な状態にすることができる。「古城」がしばしば再利用された理由は、これに尽きるだろう。

本来、「古城」は使われなくなった城、廃城である。廃城にあたっては、形式的にせよ、多くの場合は城破りが行われ、「城の一生」の終わりを迎えた。その存在自体が、一種の「平和」を体現するものであった。しかし、それはいとも簡単に再利用され、戦争の舞台となってしまうものでもあった。

こうした事実は、戦国時代の「平和」のあり方の一面を示していると同時に、その限界をも表しているといえよう。

再利用されない「古城」

これだけ全国各地で積極的に再利用されていた「古城」だが、その一方で遺構がよく残り立地も優れていながら再利用されなかった「古城」が多く存在していたのもまた事実なのである。その代表例が、杉山《すぎやま》城である。

杉山城は、遺構面が一面のみで一度しか使用されておらず、しかも短期間で廃城となったことが考古学的に明らかにされている。つまり、杉山城は「古城」となったあとに再利用されなかった（少なくとも、縄張を大幅に改変するような再利用、遺物を消費するような再利用はなかった）城なのだ。杉山城が戦国前期の城でいいのであれば、その後の北条氏の時代には再利用されなかったことになる。杉山城が位置する比企《ひき》地方は、これまでの研究でも指摘されているとおり、北条氏の時代でもしばしば合戦が行われた地域である。「古城」の再利用が地域を問わず頻繁に行われていた戦国社会において、巧妙な縄張を持つ杉山城が再利用されなかったのはいったいなぜなのだろうか。

「廃城」の章で取り上げた福島県の猪久保《ししくぼ》城も、一四四〇年代に廃城となってから再利用された痕跡がない。だが、猪久保城が位置する小野地域は、戦国時代においてもたびたび合戦が起きた重要な地域で、戦国末期にも伊達政宗と相馬氏・岩城氏らとの境目となり、各地で合戦が行われていた。そのような地域であるにもかかわらず、再利用されずに今に至っているのである。こうした点は、杉山城と似ているといえるかもしれない。

なぜ再利用されないのか？

遺構自体はよく残っているため、再利用しようと思えば十分できるはずなのに、なぜ再利用されなかったのか。そのときどきの軍事情勢に左右されることもあろうし、配置する軍勢の数や質、戦略的な問題なども大いにあろう。あるいは、廃城から月日がたち、そもそも存在自体忘れ去られてしまったこともあっただろう。

ただ、ほかにもいろいろと可能性は考えられると思う。猪久保城を検討した飯村均氏は、同城が戦国時代に再使用されず、江戸時代の地誌や伝承などにも伝えられることなく、現代の調査によって初めて存在が確認された理由について、廃城後の地域社会において城破りされた城跡への「不入」の観念や「忌避」の意識があり続けた結果ではないかという指摘をしている（飯村二〇〇二）。城跡自体が、地域の人々にとって忌み嫌われる場となっており、次第に存在すら忘れ去られてしまったということになる。

忌み嫌われる場となった原因は、さまざまなことが考えられるが、その一つに大量殺戮が行われた場だったということも考えられよう。たとえば、八王子《はちおうじ》城は落城に際して悲惨な死を遂げた人々が大勢いたうえに、麓の御主殿近くの滝に身を投じたものが多数いたという伝説が残っており、落城後は地元住民から忌み嫌われる場となっていたという。このような場合は、当時の人々としても再利用を忌避することがあったのではないだろうか。ただ、実際にそのような理由で再利用されなかった事例は見出せていない。

これとは異なる視点となるが、「築城」の章で取り上げた斗蔵山《とくら》という「聖地」に築城しようとした伊達氏の史料では、百姓や町人が深く嫌っているから築城できないとあった。この場合は、地域の霊場であり、忌み嫌われるというよりも逆に神聖であるがゆえに嫌われたということになるが、そうした場に築城することは良くないという観念が当時の人々のなかにあったことを示している。聖地論との関係からも注目されることは先に述べたとおりである。

このように、一度使われて「古城」となった城のなかにも、百姓やあるいは領主にも何らかの理由により忌み嫌われる場となっていたものが一定数あったのではないだろうか。たとえ場所がよく遺構もよく残り再利用することが合理的な状況であったとしても、簡単にはできない何かがあったように思える。現代人の感覚を相対化する必要があるだろう。

もう一つ、城跡の土地に対する権利を誰が持っているのか、ということも考えられるのではないだろうか。つまり、領主の直轄地のような土地ならまだしも、村・町・寺社などが所有する土地に「古城」がある場合、簡単に領主側が必要だからといって再利用することができるものなのか、ということである。

大名が必ずしも自由に築城できなかったのと同じように、「古城」であっても何でも自由に再利用可能だったわけではなさそうである。

忌み嫌われる「古城」があるとするならば、逆に何かしらの理由で縁起がいい「古城」があってもおかしくない。いろいろな「古城」があるなか、どうせならそうした「古城」を再利用したいものである。この点で、興味深い事例がある。

「御吉例の古城」

天正十年（一五八二）、羽柴秀吉が毛利方の来島《くるしま》村上氏の切り崩し工作を行ったことにより、毛利領の厳島に衝撃が走り、人々は対岸へ逃げていった（沖家《おきか》騒動）。厳島社も宝物を対岸の桜尾《さくらお》城（広島県廿日市市）に避難させているのだが、能島《のしま》村上氏と毛利氏との関係が無事だということを聞き、さらに毛利氏が厳島に城を築いて城番を置くことになったので、同年四月には人々は安心して厳島に戻ったという。

さて、そのときの状況を記した厳島社の棚守房顕《たなもりふさあき》・元行《もとゆき》の連署状が残されているのだが、

図36　宮尾城主郭（広島県廿日市市）

そこには、「御吉例の古城を仰せ付けらるるの条、地へ罷り退き候衆、帰嶋し候」（「厳島野坂文書」）とある。毛利氏が厳島に築いた城は、新規築城された城ではなく「古城」を再利用したものであったことがわかるが、単なる「古城」ではなく「御吉例」が存在した「古城」だったのである。

　では、「御吉例の古城」とは、いったい何なのか。この「古城」は、具体的には宮尾《みやお》城（広島県廿日市市、図36）のことを指すと思われる。宮尾城といえば、天文二十四年（一五五五）の厳島合戦のときに毛利氏が築き籠城戦を展開した城として有名である。宮尾城は、陶晴賢《すえはるかた》軍の猛攻により堀切《ほりきり》が埋められ水の手が絶たれるなど、落城寸前の状態となってしまったものの、ついに落城しなかった。これが、毛利方の大勝の一要因となったのである。合戦後、宮尾城は「古城」となり、天正十年に再び毛利氏によって使用されたということになる。

なぜ「御吉例の古城」とされたのか、もうおわかりだろう。宮尾城は、厳島合戦を勝利に導いた由緒ある縁起の良い「古城」として、廃城後も毛利氏や厳島の人々に認識され続けていた。そうした「吉例」のある宮尾城を再利用することは、騒動に揺れる厳島の人々にとっても望ましいものであり、心理的な効果も高かったはずである。

さらに興味深いのは、このときに城番として置かれたのが己斐隆常《こいたかつね》だったことである。実はこれも「吉例」なのである。厳島合戦のときに宮尾城に籠城し活躍した一人が、己斐直之《なおゆき》だった。そこで、今回も同じ己斐氏をわざわざ選んで城番に置いたのである。「古城」のなかには、こうしたものもあったのである。

城郭の年代観・築城主体をめぐって

これまで戦国期における「古城」の実態をさまざまな角度から考えてみたが、これらは、近年城郭研究の世界で問題となっている、城郭の年代観・築城主体をめぐる議論にも一石を投じることになるのではないかと筆者は考えている。

どういうことかというと、史料上に「古城」と表記されていなくても、実態としては

「古城」そのものであった場合や、実はもともと「古城」だった城を再利用した場合があった。ここから、文献史料に登場したとしても、それが必ずしも新規築城だったとは限らないということが指摘できる。

さらに、「古城」の再利用の実態から、従来の縄張を改変することもあれば、改変せずにほとんどそのまま再利用するような場合もあると考えられた。問題は後者の場合である。この場合、たとえ文献史料から新しい時期に使用されたことが確認できたとしても、その時期の縄張ではなく、あくまでそれ以前の段階に成立した縄張ということになる。つまり、縄張がつくられた時期と実際に史料で確認できる時期がズレてしまうのではないか、ということである。築城主体の比定についても、同じ問題を指摘できよう。

これまでの研究では、「現存遺構は最終段階」というセオリーに従い、古い年代を示す文献史料を現存遺構とストレートに結び付けることに関しては注意が払われてきた。しかし、たとえ文献史料によって新しい年代の時期に使用されていたことが確実と判明しても、それをストレートに現存遺構と結び付けることにも慎重でなければならないだろう。文献史料のみで年代観・築城主体を解明することには限界があることを、改めて認識せざるをえない。

同様に、たとえ発掘調査で新しい年代の遺物が少量出土したとしても、その年代をストレートに現存遺構に結び付けることもまた慎重になる必要があるのではないだろうか。一時的・短期的に再利用した場合、やはり縄張を改変せずに再利用した可能性があるからである。もっとも、建物に関しては新たに建築した可能性が高いだろうから、その痕跡は残る可能性があろう。いずれにせよ、出土遺物と現存遺構を結び付けるためには、遺物と遺構面との関係、遺物全体の組成、遺構面の数、遺構同士の新旧関係・切り合い関係などをきちんと押さえるという、考古学研究の基本的な作業を忠実に行うことが必要不可欠であり、これまで以上に重要になってくるのではなかろうか。

近世初期社会と「古城」

描かれた「古城」

戦国時代から近世初頭にかけて、多くの城が廃城、「古城」となり、再利用されてきたことをみてきた。これまでは文献史料を中心に「古城」をみてきたが、実は当時の「古城」の様子を描いた絵図が奇跡的に残っている。それが、「越後国郡絵図」である（図37〜39）。

この絵図は、慶長二年（一五九七）頃に成立したといわれているもので、当時の上杉景勝領国であった越後国の頸城《くびき》郡・瀬波《せなみ》郡の様子が詳細に描かれている点で、非常に貴重な史料である。このなかに多くの城が描かれているが、現役の山城としては村上《むらかみ》城（新潟県村上市）と直嶺《のうみね》城（新潟県上越市）の二城のみで、ほかに在地領主の館・屋敷もいくつか描かれている。それに加えて、多くの「古城」が描かれていることが注目される。

図37　描かれた下渡ケ嶋古城（『越後国瀬波郡絵図』より，米沢市上杉博物館所蔵）

図38　描かれた将軍嶺古城（同前より，同前所蔵）

図39　描かれた大川古城（同前より，同前所蔵）

先行研究によると、描かれた「古城」は天正八年（一五八〇）の御館《おたて》の乱や天正十九年の本庄氏・大宝寺《だいほうじ》氏改易などにともなう城破《しろわ》りによって生まれたものという（伊藤二〇〇一）。「古城」となったものの重要な存在だったからこそ描かれたのだろう。普通の山とは異なり、山体が明らかに人工的に削られギザギザになっているものが多く、見ていて面白い。

さて、この「古城」の描かれ方には、二つのパターンがあることが指摘されている。一つは、完全にはげ山になっている「古城」、もう一つは竹木《ちくぼく》が生えている「古城」である。いずれも建物は描かれておらず、まさに「古城」となっているのだが、実はこの違いには重要な意味があるという。

はげ山になっている「古城」は、竹木が切り取られたと同時に、その後も草木の採取が続けられていたからこそ、はげ山になっていたと考えられる。それはつまり、「古城」の山が周辺の村の入会地《いりあいち》に変化し、百姓たちにより日常的に草木の採取が行われるような場に変化した結果なのである。こうした「古城」は、もともとは領主が築いた城のはずであるが、廃城後は領主との関係が途絶え、村の入会地に変化したあとの姿を現していることになる。「古城」は再利用されない場合もあったが、その理由の一つには、領主の手から離れ村の所有地や共有地となり、領主といえども簡単に再利用できない「古城」の実態があったとは考えられないだろうか。

一方、竹木が生えている「古城」は、その麓に在地領主の館・屋敷が描かれていることが多い。たとえば「ふる城」と記されている大川《おおかわ》城跡（新潟県村上市）の麓には藤懸館《ふじがかりやかた》が描かれているが、ここは上杉氏家臣の大川氏の館であった。「加護山《かごやま》古城」（新潟県村上市）も、麓にある色部氏の居館平林《ひらばやし》城とセットで描かれている。山上の城は「古城」となったものの、いまだ麓に住み続けている領主との関係は切れておらず、むしろ領主によって「古城」が維持管理され続けていた。そのため、村の入会地にはならず、そこにある竹木は手入れをされていたということになる。また、先述したように、城に生えている竹木は城主繁栄のシンボルとされていた。竹木の伐採はそれを否定する行為であり、逆に竹木の維持管理はそれを維持する行為であり、もっといえば再利用の可能性を保ち続けた行為だったといえるだろう。

これに加えて、当然ながらこの絵図に描かれていない「古城」も大量に存在していた。戦国期から豊臣期にかけて大量の城が廃城となり「古城」となったこと、それと同時にこの地域の城の役割は、村上城と直嶺城の二城に収斂された様子がよくわかる。時代は大きく変化しつつあったのである。

「古城」への郷愁

戦国争乱が収まりつつあるなか、「古城」をこんなふうに見ていた人物もいた。織田信長・豊臣秀吉の右筆《ゆうひつ》として有名な楠長諳《くすのきちょうあん》は、秀吉の九州出兵に随行し、その途中で摂津滝山城《たきやま》（兵庫県神戸市）の近くを通る機会があった。

この滝山城は、長諳が長らく在城していた城だったようである。しかし、当時の滝山城はすでに「古城」となっており、荒れ果てた山と化していた。そんな滝山城を眺めながら、長諳は「むかしすむ　跡はいつかはあれぬらし　いざこの山に　行てたつねん」という歌を詠んでいる（『楠長諳九州下向記』）。もはや滝山城は、過去を懐かしむ対象となっていた。

名所のようなものになっていた「古城」もあった。織田信長は、甲斐の武田氏を滅ぼした直後、駿河を経由して安土に帰陣していったが、その道中で駿河の花沢城《はなざわ》（静岡県焼津市）を遠くから見物している。そのときのことについて『信長公記』には、「花沢の古城あり。是れは昔、小原肥前守楯籠り候ひし時、武田信玄、此の城へ取り懸け、攻め損じ、人余多うたせ、勝利を失ひし所の城なり」と記されている。花沢城は、この時点では「古城」となっていたものの、かの武田信玄が攻略に手間取り大損害を蒙った城として人々に知られていた。武田氏を滅ぼした信長は、そんな花沢城跡をどのような気持ちでみつめていたのだろうか。

「天下統一」「元和偃武」と城郭

戦国時代にも各地で城が整理・淘汰され、城破りが行われ廃城となった城が多く存在していたが、それを一気に加速させたのが、豊臣政権による「天下統一」であった。これにより戦国争乱は終結し、大名から村落に至るまで勝手な武力行使が抑制・禁止されるようになっていった。それと同時に、徹底的なものではなかったにせよ、「入らざる城」の破却が行われ、原則として大名の居城や重要支城のみ存置されることになった。「天下統一」により、各地に今まで以上に大量の「古城」が生み出されたことは間違いない。

もちろん、これまでみてきたように、それらの「古城」は再利用しようと思えばできるものが多く、実際に関ヶ原の戦い時にも再利用されていた。大坂の陣でも、徳川家康が浦江の「古城」（大阪府大阪市）を陣所にしていたことが確認される（『細川両家記』）。戦乱が起これば、「古城」は再利用される可能性が常にあったといえるが、一方で戦国時代と異なり基本的に国内の戦場が閉ざされた意義は大きい。「城の一生」の本当の終わりが、ようやく近付いてきたことになる。

徳川氏の覇権が確立されてくると、城郭の統制・整理・淘汰がいっそう進められるようになった。元和元年（一六一五）の元和一国一城令は、その最たるものだろう。その内容を伝えた幕府の文書は、実際には西国大名に限定して送られたもので、東国には直接伝達されなかったようである。出羽最上氏の場合は、改易される元和八年の段階で本拠の山形城以外にも領内に二〇城ほど存在していたし、南部氏も三戸城《さんのへ》（青森県三戸町）や花巻城《はなまき》（岩手県花巻市）、郡山城《こおりやま》（岩手県紫波町）などを抱え続けていた。それでも、秋田佐竹氏による領内諸城の破却など、幕府の意向を「忖度《そんたく》」したのか、自主的に破却しようと幕府にお伺いを立てる場合もあった。このように、その影響力は無視できないものであった。

そうした整理・淘汰とともに、新規築城も抑制されるようになっていった。関ヶ原の戦い後、各地で築城ブームが巻き起こっていたが、元和一国一城令の直後に制定された武家諸法度では、「諸国居城修補をなすといえども、必ず言上すべし、いわんや新儀に構営堅く停止せしむる事」と定められた。もはや築城という行為自体、基本的には行われなくなり、修理することさえ許可を得なくてはならない時代へと移り変わっていく。

江戸幕府の「古城」統制

国内の戦場は閉ざされ、新規築城も「古城」の再利用も徐々になくなっていった矢先、寛永十四年（一六三七）に島原・天草一揆が勃発した。「有馬領の海辺にある廃城」（『ニコラス・クーケバッケルの日記』一六三七年十二月二十六日条）に一揆勢が籠城し、幕府軍を迎え撃ったこの出来事は、幕府に大変な衝撃を与えた。なかでも「古城」が一揆の拠点として利用されたことに危機感を抱いたようである。

そのため、一揆鎮圧後、幕府は戦後処理と再発防止につとめ、主として九州地方を対象に各地の「古城」の調査と破却を命じるようになった（福田一九九五、花岡二〇一三）。実は、一揆前から幕府は各地の「古城」調査を開始していた。寛永九年に徳川秀忠から家光へ代替わりが行われたが、それにともない翌十年に幕府は諸国巡検使を廻国させている。全国いっせいの上使派遣は、それまでに前例がないものであったが、その目的の一つは「古城」調査にあったということが指摘されている。どこにどのような「古城」があるのか、特に石垣の残り具合が調査の焦点となっていたようである。この巡検により作成された「寛永十年巡検使国絵図」が残されているが、九州など西国に限らず東国にも「古城」が記されており、たしかに一定レベル以上の「古城」が実際に全国的に調査されたようである（神山二〇一六）。

だが、この時点での「古城」の調査は、まだ徹底したものではなかった。「古城」の破却自体も、戦国期の城破りさながらの、一部にとどまる簡易なものが多かった。これが、元和一国一城令の実態だった。だからこそ、原《はら》「古城」はいとも簡単に一揆に再利用されたわけである。

「古城」の調査・破却が徹底されるようになるのは、島原・天草一揆のあとである。寛永十五年四月から六月にかけて記された熊本藩主の細川忠利《ただとし》の書状によると、幕府から各地の「古城」に石垣が残っている場合は破却せよとの指示があったようで、それを受けた忠利は石垣だけでなく土塁や堀まで自主的に調査し、破却している。特に石垣については、石が少しでもみえていれば除去するという徹底ぶりであった。(「細川家文書」)。細川領国以外の九州各地でも、同様の動きがあったものと思われる。

ただし、このような徹底的な破却は、一揆が勃発した九州において限定的に実施されたと考えられる。東国でここまでのものが行われた形跡はない。そもそも、幕府が全国の「古城」のすべてを徹底的に破却しようとしたわけではなく、またできるわけもなかった。それでも、島原・天草一揆を契機として、「古城」の統制がよりいっそう強められたことは間違いない。

忘れ去られていく「古城」

「古城」の破却が念入りに進められるなか、一方で以下のような状況もみられるようになっていた。寛永十五年(一六三八)五月十日付けで細川忠利が幕府副使の戸田氏鉄《うじかね》に宛てた書状に、こんな記述がある(「細川家文書」)。

肥後の合志《こうし》郡には、五、六〇年以前に合志氏という領主がいた「古城」があった。この「古城」は、竹迫《たかば》城(熊本県合志市)のことを指すといわれ、この地域にとっては拠点的な城郭だったはずである。だが、合志「古城」は、当時「大木が茂り」「山も茂り久しき儀にて、城山とも近代の者は存ぜず候」という状況だった。そんな合志「古城」も、細川氏がよく調べたところ、まだ山のなかに「竪横にちいさき堀」があったという。石垣こそない「古城」だったものの、忠利は念のためそれらの堀を埋め、幕府に報告しているのである（ただし、現在も堀などの遺構が残っている）。

石垣がない土づくりの「古城」にまで破却の手を及ぼしていたことがよくわかるが、ここで問題となるのはそこではない。合志「古城」が、周辺地域の人々にさえ、その存在をすっかり忘れ去られており、大木が茂る荒れ山になっていたという点である。このような状況では、原「古城」とは異なり再利用されるような「古城」とはならないであろう。

合志城は五、六〇年以前に廃城となったというから、戦国末期の天正年間（一五七三〜九二）後半だろう。天正十三年（一五八五）に島津氏により落城し、同十五年に破却されていることから符合する。長らく続いた地域の「平和」は、「古城」の存在を忘れさせるにたる時間であった。

再利用を拒否する地域社会

寛永五年（一六二八）、常陸一宮として名高い鹿島社において、ある問題が発生していた。鹿島社の大宮司《だいぐうじ》である中臣則広《なかとみのりひろ》と惣大行事《そうだいぎょうじ》である鹿島胤光《たねみつ》との間で相論が起きたのである。その内容を記した中臣則広の申状が残されているのだが、そこに「古城」をめぐる興味深い話が記されている（「鹿島

図40　鹿島城城跡碑（茨城県鹿嶋市）

則幸文書」）。

それによると、惣大行事の鹿島胤光は二〇〇石の身分であったが、かつて佐竹義久が築城した「宮中」の「古城」（鹿島《かしま》城。茨城県鹿嶋市、図40）を再び取り立てて居城にしようと画策していたようだ。惣大行事職《しき》は代々「武家職」であるというから、武家たる自身の居所として屋敷ではなく城を欲したということなのだろう。ところが、鹿島社としては、この「古城」を破却し、社領のことはすべて鹿島社に任せて欲しいと願い出ている。

それはなぜなのか。「ひところ天下乱世の刻み」は、神領が押領されることは日常茶飯事であったが、それでも神慮に対しては少しも差し障るようなことはなかった。

しかし、「天下御時代」となったにもかかわらず、ただ自分が武士身分であるというだけで城を構えたいということで、寺社や家中までを破壊し、非法狼藉《ろうぜき》を尽くそうと企んでいる。これでは神家の差し障りとなってしまうので、そうさせないために「古城」を破却したいと幕府に願い出ているのである。

武士身分として戦国時代と同じように城を構えたいという者がいる一方で、もはやそのような時代ではなく城も不要であるという認識を持つ者もいた。近世初期社会の人々の城郭認識の一端をうかがうことができる。幕藩権力による「古城」統制が強まるなか、地域社会の側からも「古城」の再利用が抑制・制限されるようになっていったといえようか。

「古城」からみた中近世移行期

戦国時代は、築城ラッシュの時代であった。全国各地に大量の城を生み出したが、「天下統一」され全国政権が登場するなかで、そのほとんどが廃城となった。そして、新規の築城と無届による修築が禁止されるようになっていった。中近世移行期の城郭史の流れは、ひとまずそのように捉えることができると思う。

たしかに、新規築城の禁止や勝手な修理の禁止は、非常に大事な問題である。だが、「古城」の問題も大事な問題ではないだろうか。

戦国時代の戦争は、大量の「古城」の存在を前提に展開し、実際にしばしば再利用されていた。戦国時代は、「古城」が再利用される可能性が常にある時代であったといえよう。逆に、近世は「古城」の再利用の可能性が基本的には絶たれた時代であった。島原・天草一揆は、なお地域に残る「古城」が再利用されかねないという現実をまざまざとみせつけたものの、それ以前からすでに「古城」が武力紛争のなかで再利用されることはなくなっていく方向性にあった。武力紛争が抑制・禁止され、実際になくなっていくことで、「古城」が武力発動の場として再利用されることもなくなっていったのである。こうしたことから、中近世移行期という時代は、再利用しようと思えばできる無数の「古城」がありながら、それらを再利用しなくなる社会へと変化していく時代とすることもできようか。

中近世移行期は、あらゆる階層で武力発動が抑制・禁止され「平和」となる過程の時代である（藤木一九八五）。幕府による「古城」統制は、まさに上から再利用の可能性を摘み取り武力行使を禁止するものであった。その一方で、近世の「平和」は上から強制的に押し付けられたものではなく、下からのもの、民衆による主体的な「平和」への共同意思があって初めて成り立つものだったという指摘がされるようになって久しい。そうであるならば、民衆の身近にある大量の「古城」が民衆にとってどのような存在となっていったのか、そうした点を深く掘り下げていくことも必要なのかもしれない。「古城」の問題は、近世の「平和」のあり方を考えるうえでも、重要なテーマになるのではないだろうか。

その後の「古城」——エピローグ

なお維持管理される「古城」

江戸時代においても、大名は領内のどこにどのような「古城」があるのかを調査し、また一部の「古城」を維持管理し続けていた。たとえば、尾張藩は清須《きよす》城（愛知県清須市）や小牧山《こまきやま》城（愛知県小牧市）などの「古城」の絵図を作成し、有事に備えるために維持管理していたことで知られる（遠藤他一九九一）。仙台藩では延宝年間（一六八三〜九〇）に「仙台領古城書上」が作成され、領内の「古城」の規模や歴史を調査している。

「古城」のなかには、事実上の「城」として存続していたものすらあった。和歌山藩領の伊勢田丸《たまる》城（三重県玉城町）は、当時表向きには「古城」とされていたが、付家老の久野氏が城代として置かれ、石垣の修復などは幕府にお伺いを立てて行われていた。加賀藩でも、越中魚津城《うおづ》（富山県魚津市）が「古城」となっていたにもかかわらず、石垣や武器庫が存在していた（藤田二〇〇四）。

このほか、城跡が幕府や藩の占有林である「御林《おはやし》」「留山《とめやま》」に指定され、勝手な立ち入りが禁止されることが非常に多くみられる。用材確保の面も大きいだろうが、江戸時代においても有事を想定して維持管理していた可能性が指摘されている（松岡一九九七）。あるいは、各藩や各氏族では先祖顕彰のため、関係する城跡が一種の「聖地」として整備されるようにもなっていった。

近世にも残った戦国の「城」

それらはいずれも「古城」として認識されていたが、そうではない事実上の「城」もまた多く残された。仙台藩の要害・所・在所や薩摩藩の麓などは、その最たるものであろう。これらの多くは、戦国期の城を継承して成立したものであり、幕府から「城」と認定されなかったものの、その多くは見た目も実態もまさに「城」であった。

このほか、名主や庄屋など村の有力者の屋敷も、戦国期の土豪・地侍《じざむらい》の居館を継承しているものが多い。小規模といえども、土塁や石垣、堀をめぐらすものも多く、やはり事実上の「城」といえるものである。

こうした「城」まで含めると、一部の戦国の城の一生は、まだまだ終わりを迎えていなかったとさえいえるのかもしれない。

城の近代史

江戸時代に残った城も、明治維新後の廃城令によって、ついに歴史の幕を閉じることになった。廃城後、各地の城跡は公園や軍用地、招魂社・護国神社の敷地、学校用地になったものが多かった。地域に残されていた城跡は、そのまま忘れ去られていたものが大半だったが、地元の歴史を物語る史跡として再び認知されるものもあれば、南朝関係の城跡など特定の城跡が顕彰・整備されることもあった。

城跡に桜がたくさん植えられるようになったのも、近代になってからである。桜は日本を代表する花であるが、戦場で散る軍人の姿を象徴するものとみなされていた。一方、城跡は武士たちが華々しく散っていく場である。そうした武士と軍人の姿が重ね合わされ、城跡という場に桜が多く植えられていったとされる。城郭研究自体も、軍による軍事研究の一環として行われていくようになった。

史実と異なる模擬天守も建てられ始めた。初の常設模擬天守は岐阜城《ぎふ》（岐阜県岐阜市）だという。岐阜城は、江戸時代には尾張藩の「留山」となっていたが、近代になって地域の人々の憩いの場となり、新たな地域のシンボルとして模擬天守が建てられた。

模擬天守が激増するのは、戦後である。戦後復興の象徴として、観光の起爆剤として、バブルの遺産として、さまざまなことを背景に各地で模擬天守が乱立していった。それら

図41　富山城模擬天守（富山県富山市）

図42　復元・整備された根城（青森県八戸市）

は戦国期の城跡に建てられることも多かった。明らかに史実と異なるうえ、貴重な遺構を破壊してしまうこともしばしばであった。だが一方で、それら模擬天守もいまや地域の風景に溶け込み、一面では近代を物語る遺産にさえなりつつある。

戦後、高度経済成長にともなう大規模な開発が各地で行われた。これにより、多くの貴重な城跡が消滅してしまったことも事実である。一部の城跡を除き、城跡への関心は研究者も市民も決して高くなかった。そのような状況のなか、各地で地道な研究が行われ、研究成果が蓄積されていくことにより、徐々にその重要性が明らかになっていった。

蘇る戦国の城

そして現在、各地で城跡の調査研究・保存・整備・活用に関する事業が活発化している。かつてのように、史実とは異なる模擬天守を乱立させるのではなく、学術的な研究成果を踏まえ、史実に忠実な保存・整備が全国的に行われるようになっている。派手な天守こそないが、戦国の城のリアルな姿が再現されつつあり、人々の戦国の城に対する理解も深まってきている。

人々は今また、城に注目し始めている。地域の歴史文化を体現する貴重な遺跡として、これからの地域社会を形作る重要なファクターとして。未来の地域社会をより良いものにするために、戦国の城は再び復活しようとしているのである。

あとがき

お城好きの少年だった私が、ついにお城の本を出してしまった。まったく、何が好きでここまで続けてきたのか時折わからなくなるが、興味を持つようになってから二〇年以上たっても、なおその魅力にとりつかれたままである。縁あって仙台にやってきて五年目を迎えたが、東北の城がまたとても面白く、みたことない城が無数にあるので、興味を持ち始めた中学生の頃の気分に戻ったかのようにはしゃいでいる。学生からはときに冷たい目でみられてしまうが、研究者とはそんなものだろう。

そもそも、大学院修士課程までは、城を研究しようとは思っていなかった。これは本当のことである。城郭研究の論文も読んではいたが、何をいっているのかよくわからなかったうえに、歴史学とは異なる独特の雰囲気を感じ（正直今も感じる）、このなかに自分が入り込んでいくのはちょっと無理だなと思っていた。

ところが、出会いというのはいつあるのかわからない。たまたま恩師佐藤博信先生からいただいた『戦国遺文　古河公方編』に目を通していたときに、「椙山《すぎやま》之陣」と書かれた文書を見つけてしまったのが運の尽き（?）であった。杉山城で何か問題が起きていたこと自体は知っていたので、千葉歴史学会の懇親会の際に話題にしたところ、滝川恒昭氏から「書いてみたら」といわれ、無謀にも杉山城に関する小文を書いてしまった。気づいたときには通説を否定する「危険人物」になっていたが、その後、城郭研究は立派な「副業」になり、現在では「本業」に成り代わりつつある勢いなのだから、人生は面白い。

今では公的な仕事にも関わるようになった。現在、韮山城、岩櫃城、笠間城、杉山城の調査・保存・整備に関する委員会、茨城県の中世城館跡総合調査、『北上市史』の城館調査などに参加させていただいている。文化財の保存・整備・活用やまちづくりなど、地域の将来に関わる重要な仕事の一端を担うこととなり、いろいろな面で大変な勉強をさせていただいている。たいした実力も経験もないうえ、与えられた仕事を必ずしもうまくこなせておらず、かえってご迷惑をおかけしているのではと心配だが、できる限りのことをやっていきたいと思っている。

本書の執筆依頼は、前著『織豊政権と東国社会』刊行直後だっただろうか。将来的に城で何か書いてみたいとは思っていたが、よいテーマがすぐには思い浮かばなかった。そうしたなか、「杉山城問題」を通して徐々に研究の幅が広がり、ちょうど「古城」に関する論文を書いていたので、そこから発展して「城の一生」を自分なりに描いてみたいと思うようになった。その際、類書との違いを出すためにも、また自分の個性を出すためにも、文献史料を中心としたものを目指し、最終的に本書のような形となった。

一般書の執筆は、論文執筆とはまた違った難しさがあり、四苦八苦した。何とか仕上げたが、これでいいのだろうかという不安でいっぱいである。「城の一生」といいながら多くの側面、たとえば攻城戦、籠城戦などを省く形となってしまったことも若干気にしている。厳しいご批評はあろうが、少しでも多くの方々に「面白かった」と思っていただければ、そして城郭研究に興味を持つ若い人が増えてくれれば、私としてはこのうえなく嬉しい。

本書は、本来ならもう少し早く刊行されていてもおかしくなかったが、大学内外ともに仕事が増えたうえに子供が生まれ、環境が激変してしまい、時間がかかってしまった。子供が寝静まった後や出張中の新幹線の車内などを利用して、本当に少しずつ少しずつ執筆して、ときには気づいたら寝ていたこともあったが、何とか仕上げることができたというのが実情である。今後もしばらく状況は変わらないと思うが、子育てという貴重な経験を楽しみながら、倒れない程度に自分の研究も進めていきたい。

やりたいことは山ほどある。次は城郭の論文集を出したいし、「本業」の政治史の研究も進めたいが、目下、ゼミ活動を兼ねて仙台市周辺地域の城と地域史の研究を進めている。実は最近は、城そのものよりも、城を中心とした地域史の方に興味関心が移ってきている。さまざまな史資料を集め、現地を歩いて総合的に地域史を描く作業がとても楽しい。広大な東北地方は、まさに自分にとって魅力溢れる新天地である。これからどんな新しい出会いや発見があるのか、本当に楽しみでならない。

最後に、こんな筆者を暖かく迎え入れてくれ、またお付き合いして下さっている東北学院大学文学部歴史学科のスタッフと学生の皆さん、本書執筆の機会を与えてくれた永田伸氏、丁寧な編集をしてくれた伊藤俊之氏、そして家族に感謝申し上げます。

二〇一八年七月三〇日

竹井英文

主要参考文献

飯村　均「猪久保城―焼き払われ、埋められた主殿―」（藤木久志・伊藤正義編『城破りの考古学』吉川弘文館、二〇〇一年）

市村高男「四国における中世城館と交通」（橋口定志編『中世社会への視角』高志書院、二〇一三年）

伊藤正義「破城と破却の風景―越後国「郡絵図」と中世城郭―」（藤木久志・伊藤正義編『城破りの考古学』吉川弘文館、二〇〇一年）

遠藤才文・川井啓介・鈴木正貴「尾張国古城絵図考」（『愛知県中世城館跡調査報告』Ⅰ、一九九一年）

神山　仁「江戸幕府の古城統制に関する一考察―奥羽の古城と寛永諸国巡見使の城館調査―」（『城郭史研究』三五、二〇一六年）

久保健一郎『戦国大名の兵粮事情』（『歴史文化ライブラリー』四一五、吉川弘文館、二〇一五年）

小林清治「信長・秀吉権力の城郭政策」（同『秀吉権力の形成―書札礼・禁制・城郭政策―』東京大学出版会、一九九四年）

齋藤慎一『中世東国の道と城館』（東京大学出版会、二〇一〇年）

佐脇敬一郎「後北条氏における城郭運用体制の発達」（『国史学』一六八、一九九九年）

下山治久「後北条氏の城郭管理と城普請」（杉山博先生還暦記念会編『戦国の兵士と農民』角川書店、一九七八年）

白峰　旬「江戸時代における大名居城の城門規定について」（『三重大史学』創刊号、二〇〇一年）
千田嘉博『織豊系城郭の形成』（東京大学出版会、二〇〇〇年）
竹井英文「戦国前期東国の戦争と城郭―「杉山城問題」に寄せて―」（黒田基樹編『山内上杉氏』〈『シリーズ・中世関東武士の研究』一二〉、戎光祥出版、二〇一四年、初出二〇〇七年）
竹井英文「境目国衆の居城と大名権力―相模津久井城掟の分析から―」（『千葉史学』五三、二〇〇八年）
竹井英文「戦国前期東国の城郭に関する一考察―深大寺城を中心に―」（黒田基樹編『扇谷上杉氏』〈『シリーズ・中世関東武士の研究』五〉、戎光祥出版、二〇一二年、初出二〇〇九年）
竹井英文「その後の「杉山城問題」―諸説に接して―」（『千葉史学』六〇、二〇一二年）
竹井英文「戦国期城郭の維持・管理・生活―近世城郭との比較から―」（『城郭史研究』三三、二〇一三年）
竹井英文「戦国期の北信濃と大野田城」（『武田氏研究』五〇、二〇一四年）
竹井英文「戦国期の戦争と「古城」」（高橋典幸編『戦争と平和』〈『生活と文化の歴史学』五〉、竹林舍、二〇一四年）
竹井英文「館山市立博物館所蔵「里見吉政戦功覚書」の紹介と検討」（『千葉大学人文研究』四三、二〇一四年）
竹井英文「城郭研究の現在」（『歴史評論』七八七、二〇一五年）
中井　均「織豊系城郭の画期―礎石建物・瓦・石垣の出現―」（村田修三編『中世城郭研究論集』新人

物往来社、一九九〇年）
中井均・齋藤慎一『歴史家の城歩き』（高志書院、二〇一六年）
長崎県南島原市監修、服部英雄・千田嘉博・宮武正登編『原城と島原の乱―有馬の城・外交・祈り―』（新人物往来社、二〇〇八年）
中澤克昭『中世の武力と城郭』（吉川弘文館、一九九九年）
西ヶ谷恭弘「戦国城郭における「城掟」の一考察」（杉山博先生還暦記念会編『戦国の兵士と農民』角川書店、一九七八年）
花岡興史「江戸幕府の城郭政策にみる「元和一国一城令」」（『熊本史学』九七、二〇一三年）
馬部隆弘「戦国期毛利領国における「塀隔子」の構造と役割」（『中世城郭研究』一七、二〇〇三年）
福田千鶴「十七世紀初頭における城郭政策の展開―城破りの視点から―」（『論集きんせい』一七、一九九五年）
福原圭一「武田氏の築城についての一考察」（『信濃』四五―一一、一九九三年）
藤木久志『豊臣平和令と戦国社会』（東京大学出版会、一九八五年）
藤木久志・伊藤正義編『城破りの考古学』（吉川弘文館、二〇〇一年）
藤木久志監修・埼玉県立歴史資料館編『戦国の城』（高志書院、二〇〇五年）
藤木久志『新版雑兵たちの戦場―中世の傭兵と奴隷狩り―』（『朝日選書』七七七、朝日新聞社、二〇〇五年）
藤田達生「近世「古城」考」（『城郭談話会二〇周年記念誌　城郭研究の軌跡と展望』Ⅱ、城郭談話会、

二〇〇四年）
松岡　進「『新編武蔵風土記稿』にみる古城と近世社会」（『中世城郭研究』一一、一九九七年）
松岡　進『戦国期城館群の景観』（校倉書房、二〇〇二年）
三島正之「山中の往来と城郭―長野県大町市の中世城郭②（旧美麻村）―」（『中世城郭研究』二四、二〇一〇年）
峰岸純夫・萩原三雄編『戦国時代の城』（高志書院、二〇〇九年）
宮坂武男「大野田城」（同『縄張図・断面図・鳥瞰図で見る信濃の山城と館』七、戎光祥出版、二〇一三年）
盛本昌広『軍需物資から見た戦国合戦』（『洋泉社新書』y一九四、洋泉社、二〇〇八年）
盛本昌広『戦国合戦の舞台裏―兵士たちの出陣から退陣まで―』（『洋泉社歴史新書』y六三、洋泉社、二〇一〇年）
山下孝司『戦国期の城と地域―甲斐武田氏領国にみる城館―』（岩田書院、二〇一四年）

著者紹介

一九八二年、東京都に生まれる
二〇〇五年、千葉大学文学部史学科卒業
二〇一一年、一橋大学大学院経済学研究科博士後期課程修了、博士（経済学）
現在、東北学院大学文学部准教授

主要編著書
『織豊政権と東国社会』（吉川弘文館、二〇一二年）
『シリーズ・織豊大名の研究六　最上義光』（編、戎光祥出版、二〇一七年）

歴史文化ライブラリー
475

戦国の城の一生
つくる・壊す・蘇る

二〇一八年（平成三十）十月一日　第一刷発行
二〇一九年（平成三十一）二月二十日　第三刷発行

著　者　竹《たけ》井《い》英《ひで》文《ふみ》

発行者　吉川道郎

発行所　株式会社 吉川弘文館
東京都文京区本郷七丁目二番八号
郵便番号一一三—〇〇三三
電話〇三—三八一三—九一五一〈代表〉
振替口座〇〇一〇〇—五—二四四
http://www.yoshikawa-k.co.jp/
印刷＝株式会社 平文社
製本＝ナショナル製本協同組合
装幀＝清水良洋・陳湘婷

ISBN978-4-642-05875-9

歴史文化ライブラリー

1996.10

刊行のことば

現今の日本および国際社会は、さまざまな面で大変動の時代を迎えておりますが、近づきつつある二十一世紀は人類史の到達点として、物質的な繁栄のみならず文化や自然・社会環境を謳歌できる平和な社会でなければなりません。しかしながら高度成長・技術革新にともなう急激な変貌は「自己本位な刹那主義」の風潮を生みだし、先人が築いてきた歴史や文化に学ぶ余裕もなく、いまだ明るい人類の将来が展望できていないようにも見えます。このような状況を踏まえ、よりよい二十一世紀社会を築くために、人類誕生から現在に至る「人類の遺産・教訓」としてのあらゆる分野の歴史と文化を「歴史文化ライブラリー」として刊行することといたしました。

小社は、安政四年（一八五七）の創業以来、一貫して歴史学を中心とした専門出版社として書籍を刊行しつづけてまいりました。その経験を生かし、学問成果にもとづいた本叢書を刊行し社会的要請に応えて行きたいと考えております。

現代は、マスメディアが発達した高度情報化社会といわれますが、私どもはあくまでも活字を主体とした出版こそ、ものの本質を考える基礎と信じ、本叢書をとおして社会に訴えてまいりたいと思います。これから生まれでる一冊一冊が、それぞれの読者を知的冒険の旅へと誘い、希望に満ちた人類の未来を構築する糧となれば幸いです。

吉川弘文館

歴史文化ライブラリー

中世史

歴史文化ライブラリー

戦乱の中の情報伝達 使者がつなぐ中世京都と在地――酒井紀美
戦国時代の足利将軍――山田康弘
室町将軍の御台所 日野康子・重子・富子――田端泰子
名前と権力の中世史 室町将軍の朝廷戦略――水野智之
戦国貴族の生き残り戦略――岡野友彦
鉄砲と戦国合戦――宇田川武久
検証 長篠合戦――平山 優
織田信長と戦国の村 天下統一のための近江支配――深谷幸治
よみがえる安土城――木戸雅寿
検証 本能寺の変――谷口克広
加藤清正 朝鮮侵略の実像――北島万次
落日の豊臣政権 秀吉の憂鬱、不穏な京都――河内将芳
豊臣秀頼――福田千鶴
偽りの外交使節 室町時代の日朝関係――橋本 雄
朝鮮人のみた中世日本――関 周一
ザビエルの同伴者 アンジロー 戦国時代の国際人――岸野 久
海賊たちの中世――金谷匡人
アジアのなかの戦国大名 西国の群雄と経営戦略――鹿毛敏夫
琉球王国と戦国大名 島津侵入までの半世紀――黒嶋 敏
天下統一とシルバーラッシュ 銀と戦国の流通革命――本多博之

近世史

細川忠利 ポスト戦国世代の国づくり――稲葉継陽
江戸の政権交代と武家屋敷――岩本 馨
江戸の町奉行――南 和男
江戸御留守居役 近世の外交官――笠谷和比古
検証 島原天草一揆――大橋幸泰
大名行列を解剖する 江戸の人材派遣――根岸茂夫
江戸大名の本家と分家――野口朋隆
〈甲賀忍者〉の実像――藤田和敏
江戸の武家名鑑 武鑑と出版競争――藤實久美子
江戸の出版統制 弾圧に翻弄された戯作者たち――佐藤至子
武士という身分 城下町萩の大名家臣団――森下 徹
旗本・御家人の就職事情――山本英貴
武士の奉公 本音と建前 江戸時代の出世と処世術――高野信治
宮中のシェフ、鶴をさばく 江戸時代の朝廷と庖丁道――西村慎太郎
馬と人の江戸時代――兼平賢治
犬と鷹の江戸時代 〈犬公方〉綱吉と〈鷹将軍〉吉宗――根崎光男
紀州藩主 徳川吉宗 明君伝説・宝永地震・隠密御用――藤本清二郎
近世の巨大地震――矢田俊文
江戸時代の孝行者 「孝義録」の世界――菅野則子
死者のはたらきと江戸時代 遺訓・家訓・辞世――深谷克己

歴史文化ライブラリー

近・現代史

歴史文化ライブラリー

明治の皇室建築 国家が求めた〈和風〉像――小沢朝江
皇居の近現代史 開かれた皇室像の誕生――河西秀哉
明治神宮の出現――山口輝臣
神都物語 伊勢神宮の近現代史――ジョン・ブリーン
陸軍参謀 川上操六 日清戦争の作戦指導者――大澤博明
日清・日露戦争と写真報道 戦場を駆ける写真師たち――井上祐子
公園の誕生――小野良平
啄木短歌に時代を読む――近藤典彦
鉄道忌避伝説の謎 汽車が来た町、来なかった町――青木栄一
軍隊を誘致せよ 陸海軍と都市形成――松下孝昭
家庭料理の近代――江原絢子
お米と食の近代史――大豆生田 稔
日本酒の近現代史 酒造地の誕生――鈴木芳行
失業と救済の近代史――加瀬和俊
近代日本の就職難物語「高等遊民」になるけれど――町田祐一
選挙違反の歴史 ウラからみた日本の一〇〇年――季武嘉也
海外観光旅行の誕生――有山輝雄
関東大震災と戒厳令――松尾章一
激動昭和と浜口雄幸――川田 稔
昭和天皇とスポーツ〈玉体〉の近代史――坂上康博
昭和天皇側近たちの戦争――茶谷誠一

大元帥と皇族軍人 大正・昭和編――小田部雄次
海軍将校たちの太平洋戦争――手嶋泰伸
植民地建築紀行 満洲・朝鮮・台湾を歩く――西澤泰彦
稲の大東亜共栄圏 帝国日本の〈緑の革命〉――藤原辰史
地図から消えた島々 幻の日本領と南洋探検家たち――長谷川亮一
日中戦争と汪兆銘《おうちょうめい》――小林英夫
自由主義は戦争を止められるのか 芦田均・清沢洌・石橋湛山――上田美和
モダン・ライフと戦争 スクリーンのなかの女性たち――宜野座菜央見
彫刻と戦争の近代――平瀬礼太
軍用機の誕生 日本軍の航空戦略と技術開発――水沢 光
首都防空網と〈空都〉多摩――鈴木芳行
帝都防衛 戦争・災害・テロ――土田宏成
陸軍登戸研究所と謀略戦 科学者たちの戦争――渡辺賢二
帝国日本の技術者たち――沢井 実
〈いのち〉をめぐる近代史 堕胎から人工妊娠中絶へ――岩田重則
強制された健康 日本ファシズム下の生命と身体――藤野 豊
戦争とハンセン病――藤野 豊
「自由の国」の報道統制 大戦下の日系ジャーナリズム――水野剛也
海外戦没者の戦後史 遺骨帰還と慰霊――浜井和史
学徒出陣 戦争と青春――蜷川壽惠
〈近代沖縄〉の知識人 島袋全発の軌跡――屋嘉比 収

歴史文化ライブラリー

- 沖縄戦 強制された「集団自決」——林 博史
- 陸軍中野学校と沖縄戦 知られざる少年兵「護郷隊」——川満 彰
- 沖縄からの本土爆撃 米軍出撃基地の誕生——林 博史
- 原爆ドーム 物産陳列館から広島平和記念碑へ——頴原澄子
- 戦後政治と自衛隊——佐道明広
- 米軍基地の歴史 世界ネットワークの形成と展開——林 博史
- 沖縄 占領下を生き抜く 軍用地・通貨・毒ガス——川平成雄
- 考証 東京裁判 戦争と戦後を読み解く——宇田川幸大
- 昭和天皇退位論のゆくえ——冨永 望
- ふたつの憲法と日本人 戦前・戦後の憲法観——川口暁弘
- 団塊世代の同時代史——天沼 香
- 鯨を生きる 鯨人の個人史・鯨食の同時代史——赤嶺 淳
- 文化財報道と新聞記者——中村俊介

文化史・誌

- 落書きに歴史をよむ——三上喜孝
- 霊場の思想——佐藤弘夫
- 跋扈《ばっこ》する怨霊 祟りと鎮魂の日本史——山田雄司
- 将門伝説の歴史——樋口州男
- 藤原鎌足、時空をかける 変身と再生の日本史——黒田 智
- 変貌する清盛 『平家物語』を書きかえる——樋口大祐
- 鎌倉 古寺を歩く 宗教都市の風景——松尾剛次
- 空海の文字とことば——岸田知子
- 鎌倉大仏の謎——塩澤寛樹
- 日本禅宗の伝説と歴史——中尾良信
- 水墨画にあそぶ 禅僧たちの風雅——高橋範子
- 観音浄土に船出した人びと 熊野と補陀落渡海——根井 浄
- 殺生と往生のあいだ 中世仏教と民衆生活——苅米一志
- 浦島太郎の日本史——三舟隆之
- 〈ものまね〉の歴史 仏教・笑い・芸能——石井公成
- 戒名のはなし——藤井正雄
- 墓と葬送のゆくえ——森 謙二
- 仏画の見かた 描かれた仏たち——中野照男
- 運 慶 その人と芸術——副島弘道
- ほとけを造った人びと 止利仏師から運慶・快慶まで——根立研介
- 祇園祭 祝祭の京都——川嶋將生
- 洛中洛外図屏風 つくられた〈京都〉を読み解く——小島道裕
- 時代劇と風俗考証 やさしい有職故実入門——二木謙一
- 化粧の日本史 美意識の移りかわり——山村博美
- 乱舞の中世 白拍子・乱拍子・猿楽——沖本幸子
- 神社の本殿 建築にみる神の空間——三浦正幸
- 古建築修復に生きる 屋根職人の世界——原田多加司
- 古建築を復元する 過去と現在の架け橋——海野 聡

歴史文化ライブラリー

琉球国の滅亡とハワイ移民——鳥越皓之
フランスの中世社会 王と貴族たちの軌跡——渡辺節夫
ヒトラーのニュルンベルク 第三帝国の光と闇——芝 健介
人権の思想史——浜林正夫
グローバル時代の世界史の読み方——宮崎正勝

考古学

タネをまく縄文人 最新科学が覆す農耕の起源——小畑弘己
農耕の起源を探る イネの来た道——宮本一夫
O脚だったかもしれない縄文人 人骨は語る——谷畑美帆
老人と子供の考古学——山田康弘
〈新〉弥生時代 五〇〇年早かった水田稲作——藤尾慎一郎
交流する弥生人 金印国家群の時代の生活誌——高倉洋彰
文明に抗した弥生の人びと——寺前直人
樹木と暮らす古代人 木製品が語る弥生・古墳時代——樋上 昇
古　墳——土生田純之
東国から読み解く古墳時代——若狭 徹
埋葬からみた古墳時代 女性・親族・王権——清家 章
神と死者の考古学 古代のまつりと信仰——笹生 衛
土木技術の古代史——青木 敬
国分寺の誕生 古代日本の国家プロジェクト——須田 勉
海底に眠る蒙古襲来 水中考古学の挑戦——池田榮史
銭の考古学——鈴木公雄

古代史

邪馬台国の滅亡 大和王権の征服戦争——若井敏明
日本語の誕生 古代の文字と表記——沖森卓也
日本国号の歴史——小林敏男
古事記のひみつ 歴史書の成立——三浦佑之
日本神話を語ろう イザナキ・イザナミの物語——中村修也
東アジアの日本書紀 歴史書の誕生——遠藤慶太
〈聖徳太子〉の誕生——大山誠一
倭国と渡来人 交錯する「内」と「外」——田中史生
大和の豪族と渡来人 葛城・蘇我氏と大伴・物部氏——加藤謙吉
白村江の真実 新羅王・金春秋の策略——中村修也
よみがえる古代山城 国際戦争と防衛ライン——向井一雄
よみがえる古代の港 古地形を復元する——石村 智
古代豪族と武士の誕生——森 公章
飛鳥の宮と藤原京 よみがえる古代王宮——林部 均
出雲国誕生——大橋泰夫
古代出雲——前田晴人
古代の皇位継承 天武系皇統は実在したか——遠山美都男
持統女帝と皇位継承——倉本一宏
古代天皇家の婚姻戦略——荒木敏夫

歴史文化ライブラリー